LA

MISE EN SCÈNE A PARIS

AU XVIIe SIÈCLE

MÉMOIRE DE LAURENT MAHELOT ET MICHEL LAURENT

PUBLIÉ AVEC UNE NOTICE ET DES NOTES

PAR

ÉMILE DACIER

ARCHIVISTE-PALÉOGRAPHE

ATTACHÉ A LA BIBLIOTHÈQUE NATIONALE.

PARIS

1901

A la Bibliothèque de l'Opéra
hommage de l'auteur

[illegible]

mai 1902

LA

MISE EN SCÈNE A PARIS

AU XVIIe SIÈCLE

MÉMOIRE DE LAURENT MAHELOT ET MICHEL LAURENT.

Extrait des *Mémoires de la Société de l'Histoire de Paris et de l'Ile-de-France*, t. XXVIII (1901).

LA

MISE EN SCÈNE A PARIS

AU XVIIe SIÈCLE

MÉMOIRE DE LAURENT MAHELOT ET MICHEL LAURENT

PUBLIÉ AVEC UNE NOTICE ET DES NOTES

PAR

ÉMILE DACIER

ARCHIVISTE-PALÉOGRAPHE

ATTACHÉ A LA BIBLIOTHÈQUE NATIONALE.

PARIS

1901

LA

MISE EN SCÈNE A PARIS

AU XVIIe SIÈCLE.

MÉMOIRE DE LAURENT MAHELOT ET MICHEL LAURENT.

Lorsque M. Édouard Thierry, dans sa préface du *Registre de La Grange*[1], vient à parler de la fusion, sur le théâtre Guénégaud, au mois d'août 1680, de la troupe de l'hôtel de Bourgogne et de l'ancienne troupe de Molière (Palais-Royal et Marais réunis), il ne manque pas d'insister, en moliériste fervent, sur la rapidité avec laquelle la première de ces compagnies fut absorbée par la seconde. Et, pour marquer d'un mot la complète déchéance des « comédiens royaux » au bénéfice des « comédiens du roy » : « Laquelle des deux troupes, ajoute-t-il, a perdu ses archives, des archives si importantes et remontant à un lointain si profond? La troupe de l'hôtel de Bourgogne ».

M. Édouard Thierry oubliait, en écrivant ces lignes, le *Mémoire* que nous publions aujourd'hui, épave des archives de l'hôtel de Bourgogne, épave précieuse, à la vérité, puisqu'elle nous apporte les indications les plus détaillées, — toujours omises à cette époque lors de l'impression des pièces, — sur la mise en scène des principales œuvres dramatiques qui précédèrent la période classique, et des renseignements sommaires sur quantité de tragédies et de petites comédies de la seconde moitié du XVIIe siècle.

La destinée singulière de ce *Mémoire* a été celle de bien des manuscrits. Après avoir servi, en 1735, à de Beauchamps, qui le cite dans ses *Recherches sur les théâtres de France*[2], c'est en

---

1. *Archives de la Comédie-Française. Registre de La Grange* (*1568-1685*), précédé d'une notice biographique, par M. Édouard Thierry. Paris, 1876, in-fol., p. XXVI.

2. *Recherches sur les théâtres de France depuis l'année 1611 jusques à présent*... Paris, 1735, in-fol., II, p. 95 et 268.

1869 seulement qu'il fut remis en lumière par M. Alphonse Royer[1].

Entre-temps, il avait pris place dans la bibliothèque du duc de La Vallière, sans attirer d'ailleurs l'attention de son possesseur. A la première vente de cette célèbre collection (janvier 1784), la Bibliothèque royale acheta 255 manuscrits, parmi lesquels le nº 3510 du *Catalogue*[2] ainsi décrit :

« Recueil de décorations qui ont servi aux comédies, opéra et ballets donnés par les comédiens ordinaires du roi Louis XIV, commencé en 1673 par Laurent Mahelot et continué par Michel Laurent. In-fol. v. f.

« Manuscrit sur papier, contenant 93 feuillets[3]. Il est original. On y trouve l'esquisse des décorations et la manière dont on les employoit. »

Adjugé à la Bibliothèque pour la somme de dix livres neuf sols, ce manuscrit porte actuellement la cote 24330 du fonds français, et, s'il est resté dans l'ombre pendant plus d'un siècle, il faut bien reconnaître que nos érudits modernes ont largement compensé cet oubli[4].

***

Tel qu'il se présente à nous, ce *Mémoire* de 94 feuillets, sur papier, se compose de deux parties bien caractérisées, dues à deux auteurs différents que le titre manuscrit, découpé et collé dans un encadrement gravé aux armes du roi, désigne explicitement : « Mémoire de plusieurs décorations qui serve aux pièces contenues en ce présent

---

1. *Histoire universelle du théâtre.* Paris, 1869-1870, 4 vol. in-8°, t. II, p. 138-139.

2. *Catalogue...* par G. de Bure, fils aîné. Paris, 1783, 3 vol. in-8°. — Voir aussi L. Delisle, *Cabinet des manuscrits*, t. I, p. 550, et t. II, p. 330.

3. Exactement 94 feuillets.

4. Après de Beauchamps et A. Royer, déjà cités, mentionnons : Eugène Despois, *le Théâtre français sous Louis XIV* (Paris, 1874, in-18), p. 410-411. — Émile Perrin, *Étude sur la mise en scène* (préface des *Annales du théâtre et de la musique*, par MM. Ed. Noël et Edm. Stoullig. 8e année (Paris, 1883, in-12), p. XXVII-XXIX, et p. 35-38 du tirage à part paru la même année (in-8°). — J. Moynet, *l'Envers du théâtre, machines et décorations* (Paris, 1874, in-16), p. 14-17. — *Exposition universelle de 1878. Ministère de l'instruction publique et des beaux-arts. Catalogue de l'exposition théâtrale* (Paris, 1878, in-8°), p. 9, 23, 24. — Léonce Person, *Histoire du « Venceslas » de Rotrou* (Paris, 1882, in-8°), p. 120-124. — Germain Bapst, *Essai sur l'histoire du théâtre, la mise en scène, le décor, le costume...* (Paris, 1893, in-4°), p. 188, note, et p. 190-191. — Karl Mantzius, *Skuelspilkunst historie* (Copenhague, 1899, 2 vol. in-8°), II, p. 328-330. — Enfin et surtout, Eugène Rigal, *Alexandre Hardy et le théâtre français à la fin du XVIe et au commencement du XVIIe siècle* (Paris, 1890, in-8°), et *le Théâtre français avant la période classique* (Paris, 1901, in-16).

livre, commancé par Laurent Mahelot et continué par Michel Laurent en l'année 1673 ».

Sur ce Laurent Mahelot, rédacteur de la première partie, nous ne possédons pas l'ombre d'un renseignement, et l'hypothèse la plus plausible et la plus généralement admise fait de ce personnage, non le décorateur[1], mais le machiniste de l'hôtel de Bourgogne. Il a noté avec beaucoup de soin, sinon avec une méthode rigoureuse, la mise en scène de soixante et onze pièces, parmi lesquelles soixante-sept appartiennent à vingt auteurs différents, et les quatre autres sont d'une attribution douteuse[2]. Quarante-sept dessins au crayon, le plus souvent rehaussés de lavis, accompagnent et commentent ces indications, offrant avec précision la « plantation » du décor.

L'ordre suivi n'a rien de chronologique. « Si nous n'avons aucun renseignement sur *Amaryllis*, la première pièce du *Mémoire*, la deuxième, *les Occasions perdues*, n'est pas antérieure à 1633, et par suite le *Mémoire* ne peut avoir été commencé avant cette date. D'autre part, la cinquième est, selon toute vraisemblance, de 1632; la quatrième et la sixième de 1631; la troisième de 1628; la onzième de 1617; d'autres encore, beaucoup plus loin, de 1625 et de 1626; trois pièces de Hardy, qui figurent sous les n°s 19, 21 et 23, ont été publiées en 1625, 1626 et 1628[3]. » On peut donc conclure que Mahelot, en fonctions vers 1633, a consigné sur son *Mémoire*, non seulement les pièces nouvelles, mais les anciennes et les « reprises ».

Si nous ne pouvons examiner en détail chacune des notices consacrées par l'auteur à la mise en scène de ces pièces, nous tenterons cependant d'en faire pénétrer le sens, et nous rappellerons pour cela le principe qui avait servi de base, durant le moyen âge tout entier, aux représentations des Mystères.

Dans ces drames immenses, sans mesure de temps ni d'espace, les lieux nécessaires à l'action, les « mansions », se trouvent *tous à la fois*, dès le début de la pièce, figurés sur la scène et garnis d'acteurs. Là, au contraire de ce qui a lieu sur notre théâtre moderne, le décor ne suit pas l'action d'acte en acte ou de tableau en tableau, c'est l'action elle-même qui se déplace et voyage de décor en décor; elle

---

1. Nous connaissons en effet le nom du décorateur de l'hôtel de Bourgogne en 1634 : c'était Georges Buffequin, dit « Maître Georges » (Rigal, *le Théâtre français avant la période classique*, p. 312).

2. A savoir : quinze de Hardy; une de Théophile; trois de Mairet; une de Gombault; quatorze de Rotrou; trois de Pichou; deux de Baro; deux de Scudéry; trois de Claveret; une de Corneille; deux de Rayssiguier; sept de Du Ryer; deux de Durval; une de Boisrobert; deux de Beys; une de Benserade; une de Canu; une de Desbruyères; quatre de Passar; une de La Pignerière.

3. Rigal, *Alexandre Hardy*.

va de Bethléem en Égypte, pour revenir à Jérusalem, passe du palais d'Hérode au pays des rois mages pour s'arrêter chez les pasteurs et retourner à la crèche de la Nativité.

A la fin du xvie siècle, quand le Mystère, abandonnant les vastes échafauds des places publiques, dut se confiner dans d'étroites salles de spectacles, il lui fallut restreindre son décor, en même temps qu'il condensait son poème : désormais, cinq ou six « mansions » garnissent la scène, encore sont-elles débarrassées des personnages qui les occupaient jadis. De sorte que, quand le Mystère agonisant se voit supplanter par la jeune tragi-comédie ou la pastorale, le principe demeure ce qu'on a appelé « la décoration simultanée ». Le décor, symétrique le plus souvent, ainsi que l'a remarqué M. Rigal, se compose alors de cinq compartiments juxtaposés : un au fond, ou « milieu du théâtre », et deux sur chacun des côtés. Mais fréquents sont les cas où les indications fournies par le machiniste réclament une mise en scène infiniment plus complexe ; qu'on lise les notices consacrées à l'*Agarite* et aux *Travaux d'Ulysse*, par exemple[1].

Ces juxtapositions, comme on pense, étaient des plus imprévues. On usait bien parfois du rideau de fond pour quelque rudimentaire « changement à vue », mais cela n'empêchait point les montagnes, les forêts et les mers, resserrées en un si court espace, d'offrir au spectateur un ensemble presque totalement dépourvu de charme et d'illusion. La simplicité de cet appareil s'augmentait encore de la gaucherie avec laquelle on exécutait ces décors : en passant de la place publique à la salle de spectacle, le décor, avons-nous dit, au lieu de s'étendre en longueur, avait dû se serrer et prendre de la perspective ; mais, en cette brusque transplantation, il avait conservé, en même temps que la juxtaposition des lieux, la manière ancienne de les représenter : l'arbre, la montagne, le portique à balustres, à quelque plan qu'ils fussent, devaient être vus en entier par le spectateur, ce qui ne laissait pas de donner un aspect peu harmonieux et mesquin à ces décorations, auxquelles Servandoni, un siècle plus tard, appliquera les lois rigoureuses de la perspective architecturale.

Ce n'est pas seulement la description du cadre qu'il est intéressant de lire dans ce *Mémoire*, la liste des accessoires n'est pas moins instructive et montre quelle consommation prodigieuse on faisait, chez Hardy, Rotrou, Du Ryer et consorts, de houlettes, chapeaux de fleurs, poignards, carquois, écritoires, tombeaux, éclairs et tonnerres, et de sang surtout, autant et plus que dans nos modernes mélodrames.

On ne verra pas sans surprise qu'il fallait des rossignols dans la

1. Voir p. 20 et p. 22.

Clorise; « un antre d'où sort un lion », dans *Pyrame et Thisbé;* un mouton, des lions et des licornes, dans *Astrée et Céladon;* des rossignols, des coqs, des chiens, dans la *Prise de Marcilly;* un « aigneau qui soit en vie », dans la *Fillis de Scire;* enfin, pour les *Vendanges de Suresnes*, « en la saison du raisin, il faut en avoir cinq ou six grappes pour la feinte ».

On pourrait multiplier des exemples, car tout est mentionné, jusqu'au « caillou pour Sisiphe », dans les *Travaux d'Ulysse.* Vantons-nous, après cela, d'avoir introduit à la scène la précision documentaire! Ce « caillou pour Sisiphe », c'est proprement la « fourchette de Théodora » du XVIIe siècle, et Mahelot, en l'occurrence, n'est pas loin de damer le pion à M. Victorien Sardou.

Où le décorateur n'avait guère souci de la précision, par contre, c'est dans la représentation des lieux : on conçoit aisément que les *Céliane* et les *Amaryllis*, les *Heureuse Constance* et les *Berger fidèle* réclamaient plus de fantaisie que de documentation. Aussi, pourvu que les palais, les temples et les jardins soient « beaux, fort riches, superbes, bien parés, enrichis », le *Mémoire* laisse le reste « à la discrétion du feinteur ».

Quelques pièces retiennent pourtant par une mention curieuse, et assez rare à l'époque, de décor « couleur locale; » c'est d'abord, dans *Lisandre et Caliste*, « le petit Chastelet de la rue Saint-Jacques »; dans la *Place royale*, on doit apercevoir au fond, sous les arcades, le couvent des Minimes; le décor de la *Foire de Saint-Germain* mérite également d'être signalé; enfin, dans les *Vendanges de Suresnes*, le dessin au crayon, un peu effacé, nous montre le bourg de Suresnes s'étageant sur la toile de fond, au-dessous du Mont-Valérien.

Telle est, brièvement résumée, la première partie de ce précieux *Mémoire*, celle de Laurent Mahelot. La seconde, qui fut, si nous en croyons le titre, commencée en 1673 par Michel Laurent, mérite également quelques mots de présentation.

***

L'année 1673 fut, comme nous dirions aujourd'hui, le début d'une « crise théâtrale ».

Au Palais-Royal, Molière disparu, la troupe se scinde; ceux des comédiens qui ne sont point passés à l'hôtel de Bourgogne et restent groupés autour de Mlle Molière et de La Grange se voient bientôt expulsés de leur théâtre, où Lulli s'installe, et se réfugient à la salle Guénégaud. D'autre part, le théâtre du Marais ferme ses portes.

L'hôtel de Bourgogne et le théâtre Guénégaud restent donc seuls face à face, jusqu'à la jonction de 1680, dont nous parlions en commençant.

C'est en cette année 1673 que Michel Laurent déclare continuer le

Mémoire de Mahelot. Sur ce personnage, pas plus que sur son prédécesseur, nous n'avons de documents; les deux seules choses qu'il prenne soin de nous apprendre, en dehors des indications de mise en scène, ont trait : la première à la naissance de son fils, la seconde à la mort de la reine Marie-Thérèse d'Autriche[1].

D'après M. Despois[2], le rédacteur de la dernière partie du *Mémoire* était un « employé » du théâtre du Marais, passé à l'hôtel de Bourgogne en 1673 et à l'hôtel Guénégaud lors de la jonction de 1680 : « Ce dernier point n'est pas douteux, ajoute M. Despois; plusieurs indications, relatives au Théâtre-Français après la réunion et la mention même de cette réunion à la date de 1680, en font foi. Ce qui me fait croire que ce registre a été commencé, pour cette seconde partie, à l'hôtel de Bourgogne, c'est que la première pièce de Corneille mentionnée après 1673, date où commence cette seconde partie, est *Suréna*, jouée en 1673 à l'hôtel de Bourgogne[3]. »

Si M. Despois avait poussé un peu plus avant sa lecture, il aurait découvert, deux pages seulement après *Suréna* et treize autres pièces de Corneille énumérées au hasard, toutes les œuvres de Racine[4] rangées dans un ordre rigoureusement chronologique. Or, comme *Phèdre*, la dernière, date de 1677, force nous est déjà de reculer jusqu'à cette année la rédaction de cette partie du *Mémoire*.

Suivent, sans ordre, des pièces de Th. Corneille, Scarron, Rotrou, Du Ryer, etc., dont les dates extrêmes varient entre 1646 et 1678; puis apparaissent, presque coup sur coup, cinq comédies de Molière[5]. Qu'est-ce à dire? Pour pouvoir mentionner ainsi, avec leur mise en scène, au milieu d'œuvres représentées à l'hôtel de Bourgogne, des pièces du répertoire de l'hôtel Guénégaud, il faut bien admettre que le rédacteur avait des accointances avec cette dernière troupe. Bien plus, ces indications devaient être pour lui d'une certaine utilité; or, on ne jouait point de Molière à l'hôtel de Bourgogne.

---

1. Fol. 1. « Ce mardy, 15me octobre 1680, m'est née un garçon et s'apelle Benoist; a esté tenu le 17 sur les fonds par Benoist Glantenoit et par Simonne de La Motte, ses parains et marainnes. » — Fol. 1 vo. « Le vendredy 30 juillet 1683 mouru Marie Theresse d'Autriche, reine de France, en sa 45 année. » — On remarquera, sur le premier feuillet du *Registre* de La Grange, des indications isolées de ce genre.

2. *Op. cit.*, p. 411.

3. Notons en passant que la première représentation de *Suréna* est de 1674 et non de 1673.

4. Il n'y manque que les *Plaideurs*, rejetés à la fin du manuscrit sous le titre : « Petitte comédie », et les deux drames pour Saint-Cyr : *Esther* et *Athalie*.

5. *La Princesse d'Élide*, *le Misanthrope*, *le Tartuffe*, *l'Avare* et *l'École des femmes*.

Et, comme le *Mémoire* ne suit l'ordre chronologique qu'à partir de 1680, nous pouvons conclure que les notes qui composent cette seconde partie n'ont pas été rédigées avant cette date. Pour les années précédentes, Michel Laurent les compléta grâce au *Registre* de La Grange et aux autres répertoires du théâtre, grâce à ses propres souvenirs et à ceux de ses camarades; tout de même que, pour les années suivantes, il inscrivit, à côté des pièces nouvelles, les « reprises » les plus importantes. D'ailleurs, à l'examen de l'écriture, on se rend compte aisément qu'il n'a pas tenu son registre régulièrement à jour.

Cette seconde partie offre donc un ensemble assez décousu, et si j'ai parlé des « notes » qui s'y trouvent, c'est avec intention; ce ne sont plus, en effet, les descriptions soigneuses, détaillées, calligraphiées et souvent accompagnées de schémas que nous offrait Mahelot, mais des indications sommaires, hâtivement rédigées, sans le moindre souci du style ni de l'orthographe.

Et, d'ailleurs, le rôle du machiniste a tellement changé! Le temps n'est plus alors, sauf pour les exceptionnelles pièces à machines, des décors compliqués où l'on voit des navires traverser la scène, des prisonniers s'évader des tours crénelées, des magiciens regagner leurs antres « au sommet des montagnes ». Adieu les mille péripéties tragi-comiques! La classique tragédie nous est venue, avec le moule irréductible de ses trois unités; elle a remplacé l'action par les phrases vaines et la « décoration simultanée » par le décor passe-partout, le « palais à volonté ». Seules, les petites comédies nous offrent encore quelque intérêt de mise en scène, et la liste des accessoires continue d'y être singulièrement fournie.

Les cent vingt et une pièces[1] qui forment cette seconde partie nous amènent à la fin de l'année 1685, et le *Mémoire* finit, avec le premier *Registre* de La Grange, peu de temps avant les dernières représentations de la Comédie-Française à l'hôtel Guénégaud[2].

***

Un mot encore sur la méthode dont on a usé pour la publication de ce document.

Il paraît superflu de dire que le texte en a été scrupuleusement respecté, avec toutes ses fantaisies orthographiques; on s'est contenté

---

1. Cent vingt et une exactement, *Pyrame et Thisbé* et les *Enlèvements* se trouvant deux fois mentionnées.

2. *Alcibiade*, de Campistron, jouée le 28 décembre 1685, termine le *Mémoire* : elle n'est donc point mentionnée dans le *Registre* de La Grange qui s'arrête au mois de septembre de cette année. A la suite, Michel Laurent a rassemblé, sous le titre de : « Petitte comédie », vingt-huit pièces de divers auteurs et de dates différentes, comprises entre 1659 et 1685.

d'y introduire l'accentuation et la ponctuation dont il est totalement dépourvu.

L'annotation, aussi compendieuse et sommaire que possible, porte presque toujours sur la chronologie des pièces énumérées; pour le début du *Mémoire*, les renseignements de première main ne sont pas très abondants, et l'on a dû trop fréquemment renvoyer, sous réserves, au *Dictionnaire des théâtres* des frères Parfait; pour la seconde partie, au contraire, le *Registre* de La Grange était la source sûre toute trouvée.

Le détail des décors ne commence, en réalité, qu'au folio 9; le folio 1 porte les mentions de la naissance du fils de Michel Laurent et de la mort de la reine Marie-Thérèse d'Autriche, que nous avons déjà signalées[1]. Au folio 2, un titre manuscrit découpé et collé dans un encadrement gravé aux armes du roi[2].

Les folios 3-8 sont remplis par une « Table des pièces contenues en ce présent livre », dont nous donnerons, à défaut de la teneur in extenso, une analyse détaillée.

Tout d'abord[3], soixante et onze pièces sont énumérées, de la main de Mahelot, qui répondent exactement à la première partie du *Mémoire*[4]; à cette exception près, pourtant, que *la Prise de Marcilly*[5] s'y trouve remplacée par *Dorinde*.

Cent quarante-sept titres se lisent ensuite, que l'on peut décomposer ainsi, suivant les rédactions successives : les soixante et onze premiers ne figurent point, pour la plupart, dans le corps du manuscrit[6]; les qua-

1. Voir plus haut, p. 6, n. 1.

2. Voir plus haut, p. 2.

3. Fol. 3-4 v°.

4. C'est-à-dire du fol. 9 v° au fol. 81 v°.

5. Fol. 41 v°-42.

6. Ce sont, avec, entre crochets, les identifications que j'ai pu faire : *la Zainobie* [*Zénobie*, T. de Magnon, T. de l'abbé d'Aubignac ou T. de M. de Montauban]; *le Cid* [T. de Corneille]; *l'Ilusion comicque* [C. de Corneille]; *Thomus Morus* [*ou le Triomphe de la foi ou de la constance*, T. de Puget de La Serre]; *Pompée* [*la Mort de Pompée*, T. de Corneille]; *Andromire* [T. C. de Scudéry]; *Sinnat* [*Cinna*, T. de Corneille]; *l'Esprit folet* [*la Dame invisible, ou l'Esprit follet*, C. de Th. Corneille et Hauteroche]; *Polliutte* [*Polyeucte*, T. de Corneille]; *le Menteur* [C. de Corneille]; *la Sophonisbe* [T. de Corneille ou T. de Mairet]; *Hibram, ou l'illustre Bacha* [*Ibrahim ou l'illustre Bassa*, T. C. de Scudéry]; *la Fausse vérité* [*les Fausses vérités, ou Croire ce qu'on ne voit pas et ne pas croire ce qu'on voit*, C. de d'Ouville]; *Dom Japhet d'Arménie* [C. de Scarron].

[Fol. 5.] *Zudoy* [?]; *Mirame* [T. C. de Desmarets]; *la Suivante* [C. de Corneille]; *les Horace* [T. de Corneille]; *Terefonte* [*Téléphonte*, T. C. de Gilbert ou T. de La Chapelle]; *Arbirant* [*les Trahisons d'Arbiran*, T. C.

rante-neuf suivants, d'une autre encre, renvoient avec assez de précision aux folios 81-85 du *Mémoire*[1]; enfin, les vingt-sept derniers,

---

de d'Ouville]; *Esterre*, de M. Duriez [*Esther*, T. de Du Ryer]; *Allecionnée* [*Alcionée*, T. de Du Ryer]; *Phèdre et Ipollitte* [*Phèdre et Hippolyte*, T. de Pradon, ou *Phèdre*, T. de Racine]; *les Captiffe* [*les Captifs, ou les Esclaves*, C. de Rotrou]; *la Suivante* [C. de Corneille déjà mentionnée]; *St Caterine* [*Sainte Catherine*, T. de Saint-Germain, ou *le Martyre de sainte Catherine*, T. de Puget de La Serre]; *le Véritable* [*Saint Genest*, T. de Rotrou]; *la Sœur généreusse* [T. C. de l'abbé Boyer]; *Gaudelet, en vers burlesque* [*Jodelet, ou le Maître valet*, C. de Scarron]; *Crispe* [*la Mort de Crispe*, T. de Tristan]; *l'Ar de régner* [*l'Art de régner, ou le Sage gouverneur*, T. de Gillet de La Tessonnerie]; *Orondat* [*Oroondate*, titre particulier du 4e acte de l'*Art de régner*]; *le Captiffe* [*les Captifs*, C. de Rotrou, déjà mentionnée]; *Jodelet, poitte et amoureux* [?]; *Policritte* [*Policritte*, T. C. de l'abbé Boyer, ou *Policrite et la mort du grand Promédon, ou l'Exil de Nérée*, T. de Gillet de La Tessonnerie]; *les Visionnaire* [C. de Desmarets]; *le Conte Onorisse* [?]; *Jodelet astrologue* [C. de d'Ouville]; *Arminius* [T. de Campistron, ou *Arminius, ou les Frères ennemis*, T. de Scudéry]; *Rodogune* [T. de Corneille]; *Sigismond* [*duc de Varsau*, T. C. de Gillet de La Tessonnerie]; *les Dorotés* [*les Trois Dorothées, ou le Jodelet souffleté*, C. de Scarron]; *le Sevole* [*Scevole*, T. de Du Ryer]; *Porsie* [*la Porcie romaine*, T. de l'abbé Boyer]; *Téodore* [*Théodore, vierge et martyre*, T. de Corneille]; *la Veufe d'Alcandre* [?]; *Dalcidian* [*Alcidiane, ou les Quatre rivaux*, T. C. de Desfontaines?]; *Valantin et Ysidore* [*la Mort de Valentin et d'Isidore*, T. de Gillet de La Tessonnerie]; *Aristodème* [T. de l'abbé Boyer]; *Héraclius* [T. de Corneille]; *les Trois Scabinne* [?]; *Cémiramis* [*Sémiramis*, T. de Gilbert ou T. de Desfontaines]; *les Fillon* [?]; *Dom Bernard* [*de Cabrère*, T. C. de Rotrou]; *le Conte d'Essex* [T. de Th. Corneille, ou T. de Boyer, ou T. de La Calprenède]; *le Prince fugitiffe* [*le Prince fugitif*, P. D. de Baro]; *Cémiramis* [déjà mentionnée, T. de Gilbert ou de Desfontaines]; *la Coeffeuse* [*à la mode*, C. de d'Ouville]; *la Sœur* [C. de Rotrou]; *Josafa* [*Josaphat*, T. C. de Magnon]; *Tamberlam* [*le Grand Tamerlan, ou la Mort de Bajazet*, T. de Magnon ou T. de Pradon]; *les Enfans de Brutte* [*la Mort des enfans de Brute*, anonyme]; *la Mort d'Asdruballe* [*la Mort d'Asdrubal*, T. de Montfleury]; *Thomirisse* [*Tomyre victorieuse*, T. de Borée]; *les Songes des hommes esveillez* [C. de Rotrou]; *la Folie des sages* [T. C. de Tristan]; *Sejanus* [T. de Magnon]; *Arcidie* [*Aricidie, ou le Mariage de Tite*, T. C. de Levert]; *Médé* [*Médée*, T. de Corneille]; *Isménie* [?]; *les Menegue* [*les Ménechmes*, C. de Rotrou]; *Tiridatte* [*Tyridate*, T. de l'abbé Boyer, ou *Tiridate*, T. de Campistron].

1. Quelques variantes : *Sertorius* porté au fol. 81 v°, dans la table, se trouve au fol. 82 dans le texte; — *le Tartuffe* ne figure pas à la table; il a été rajouté postérieurement dans le texte, à la fin du fol. 83 v°; — *Jodelet maistre*, au fol. 84 v°, est remplacé à la table par *Dom Jamin*. — La table omet ensuite : *Anne de Bretagne, la Troade, Genséric, le Malade imaginaire, Agamemnon, les Visionnaires*, inscrits dans le texte par des mains différentes.

précédés du mot « Guénégaud, » sont écrits de la même encre pâle qu'on peut voir aux folios 85 v° et 86 du manuscrit, auxquels ils répondent, c'est dire qu'ils renvoient aux pièces mentionnées après le paragraphe consacré à la jonction de 1680[1].

Surchargée au XVIIIe siècle d'annotations souvent inexactes, la table a été également complétée à la même époque par des notes sans intérêt sur le répertoire des divers auteurs mentionnés (fol. 7 et 7 v°) et sur les « Troupes de comédiens » (fol. 9).

Entre ces deux additions postérieures, le folio 8 donne la liste de trente-six « petites comédies ; » cette suite de la table a été écrite en même temps que les folios 91, 91 v° et 92, auxquels elle correspond très exactement; les dix-neuf derniers titres ne figurent pas, en majeure partie, dans le manuscrit[2].

---

1. Variantes : pour le fol. 85 v°, *le Bourgeois gentilhomme* remplace *le Festin de Pierre* rejeté plus loin; — pour le fol. 86, la table oublie les *Fous divertissants;* — on a ajouté ensuite *Soliman, Agamemnon, Zaïde, Pyrame et Thisbé*, puis *Hercule, en 1682, Cléopâtre de M. La Chapelle, Zélonide, de M. Genet, 1682*, qui concordent avec le commencement du fol. 86 v°. — La suite du texte est écrite par divers auteurs et la table ne concorde plus, ainsi qu'on peut en juger par la copie ci-dessous : « *Bérénice, de M. Corneille; Téléphonte; Sans titre; le Divorce; le Docteur extravagant; Pénélope, M. Genet; Arminius, M. Capistron; l'Invisible, 1684; Mort d'Alexandre, de M. Louvart; Aiax; Andronic, M. Capistron; Amante Aman, M. Capistron; Annibale, M. Capistron* ».

2. Ce sont : *l'Advocat Patelin* [la farce sans doute, car la C. de Brueys est de 1706]; *la Maison de boutaille* [*la Maison de bouteille*, C. anonyme]; *la Pierre philosophal* [*la Pierre philosophale*, C. de Th. Corneille et de Visé]; *Mariage forcé* [C. de Molière]; *la Contesse d'Escarbagnas* [C. de Molière]; *Carosse d'Orléans* [*les Carrosses d'Orléans*, C. de La Chapelle]; *Mariage de rien* [C. de Montfleury]; *le Semblable à soy mesme* [titre du 3e intermède de l'*Ambigu-Comique*, de Montfleury]; *l'Advocat sans estude* [C. de Rosimont]; *Fou de qualité* [C. de Poisson]; *Nopce de vilage* [C. de Brécourt]; *Crispin belle esprit* [*Crispin bel esprit*, C. de La Thuillerie]; *les Bouts rimez* [C. de P. de Saint-Glas]; *la Dupe amoureuse* [C. de Rosimont]; *Dom Pasquin d'Avalos* [C. de Montfleury]; *le Cocher* [*supposé*], *de M. d'Auteroche; le Niais de Sologne* [C. de Raisin l'aîné]; *les Dragons* [C. anonyme]; *le Brutal de sang froy* [C. anonyme].

MÉMOIRE

POUR LA DÉCORATION DES PIÈCES QUI SE REPRÉSENTENT PAR LES COMÉDIENS DU ROY, ENTRETENUS DE SA MAGESTÉ.

[Fol. 9 v° et 10[1].] *Pour Amarillis, pastorale de M. Durier*[2].

Il faut que le milieu du théâtre soit en pastoralle de verdure ou toile peinte. A un des costez du théâtre, forme de rocher et antre, et de l'autre costé, forme de fontaine coullante ou seiche, et proche de la fontaine, un antre. Au milieu du théâtre, un arbre de verdure. Trois chappeaux de fleurs et un bouquet, dards et houllettes.

[Fol. 10 v° et 11.] *Pour les Occasions perdues, pièce de Monsieur Rotrou*[3].

Il faut, au milieu du théâtre, un pallais dans un jardin, où il y ayt deux fenestres grillées et deux escalliers, où il y a des amants qui se parlent. A un des bouts du théâtre, une fontaine dans un bois, et, de l'autre costé, une ruine dans un bois. Au premier acte, il faut des rossignols; au troisiesme et au cinquiesme acte, l'on faict paroistre une nuict, une lune et des estoilles. Des rondaches, des dards, des fleurets, des flambeaux de cire avec des flambeaux d'argent ou autres, il n'importe. Il faut aussy une bague d'or et une mandille de lacquais.

---

1. Cette indication d'un double folio n'a été employée que pour les pièces accompagnées d'un dessin, — le texte se trouvant au verso du premier folio et le décor, en regard, au recto du second.

2. Les frères Parfait fixent la première représentation de cette pièce à l'année 1650 : ils ont confondu avec la date d'impression. Cette pastorale en cinq actes, en vers, avait été jouée d'original bien avant cette époque, puisqu'elle ouvre ce mémoire dans la première partie duquel les pièces mentionnées ne sont jamais postérieures à 1636, et puisque celle qui lui fait suite immédiatement n'est pas antérieure à 1633.

3. Tragi-comédie en cinq actes, en vers, représentée en 1631 d'après les frères Parfait. M. Stiefel ne la croit pas antérieure à 1633 (*Ueber die Chronologie von J. Rotrou's Dram Werken*, p. 22-23).

[Fol. 11 v° et 12.] *L'Amaranthe de Mons. de Gombault, pastoralle*[1].

Au premier acte et première scène, l'on faict paroistre l'Aurore dans un char et sur un pivot tirée par des chevaux. Des rossignols. Mais, au commencement de la pièce, il faut une nuict. Il faut que le théâtre soit tout en pastoralle, antres, verdure et fleurs. Un mirthe en arbre où l'on lie un berger, un bois, des dards, des carquois, des arcs, des flesches, des houlettes, un carquan et deux chappeaux de fleurs.

[Fol. 12 v° et 13.] *Clorise, pastoralle de M. Baro*[2].

Il faut un rocher où il y ayt un précipice, où se précipite un berger, et faire du bruit lors qu'il se précipite; il faut aussy une fontaine coullante durant toute la pastoralle. Au milieu du théâtre, il faut des buissons où l'on faict action de voir à travers du feuillage; il faut aussy un arbre où l'on faict feinte de graver des vers. Il faut un poignard, des rossignols, de la ramée. Le théâtre doit estre tout en rocher.

[Fol. 13 v° et 14.] *Lisandre et Caliste, pièce de Monsieur Durier*[3].

Il faut, au milieu du théâtre, le petit Chastellet de la rue Saint Jacques[4] et faire paroistre une rue où sont les bouchers, et de la maison d'un boucher faire une fenestre qui soit vis à vis d'une autre fenestre grillée pour la prison, où Lisandre puisse parler à Caliste. Il faut que cela soit caché durant le premier acte, et l'on ne faict paroistre cela qu'au second acte et se referme au mesme acte; la fermeture sert de palais. A un des costez du théâtre, un hermitaige sur une montaigne, et un antre au dessoubs, d'où sort

1. Pastorale en cinq actes, en vers, avec chœurs, représentée en 1625 (Parfait, IV, 377); en 1628, d'après Rigal (*le Théâtre français avant la période classique*, p. 311).

2. Pastorale en vers représentée à l'hôtel de Bourgogne en 1631 (Parfait, IV, 516).

3. Tragi-comédie représentée en 1632 (Parfait, IV, [illegible]).

4. Le Petit-Châtelet, ancienne porte de Paris, se trouvait au bas de la rue Saint-Jacques, à l'extrémité du Petit-Pont, qui a conservé ce nom et fait aujourd'hui communiquer le parvis Notre-Dame avec le quai Montebello.

un hermite. De l'autre costé du théâtre, il faut une chambre où l'on entre par derrierre eslevée de deux ou trois marches. Des casques, des bourguinottes, des rondaches, des trompettes et une espée qui se démonte; il faut aussy une nuict.

[Fol. 14 v° et 15.] *Le Trompeur puny, ou l'Histoire septentrionalle, pièce de M. de Scudéry*[1].

Il faut, au milieu du théâtre, un beau palais eslevé de trois ou quatre marches. L'on faict paroistre une maison où il y a deux portes l'une contre l'autre, où se faict la tromperie. A un des costez du théâtre, il faut un autre palais pour le roy de Danemarc; à costé dudit palais, une case où il y ayt pour enseigne « L'Ormeau ». Il faut un brancart de ramée où l'on porte un homme blessé dessus. A l'autre costé du théâtre, un superbe jardin de fleurs, des fruits, des raisins, cailloux liez avec du lierre, fontaine, ruisseau. Il faut aussy une belle chambre, une table, deux tabourets, une écritoire garnie d'ancre et de plumes, du papier, des livres. Il faut aussy une mer, des épieux, deux casques, deux rondaches et des fleurés, des trompettes, un cor, des chandeliers garnis de chandelles pour mettre sur la table. Il faut aussy une nuict au premier acte.

[Fol. 15 v° et 16.] *La Bague de l'oubly, pièce de M. Rotrou*[2].

Il faut un palais, au milieu du théâtre, qui soit en rotonde, avec des ballustres. Il faut une chambre garnie d'une table avec un tapi dessus, un tableau dans la chambre, un bassin à laver avec une aiguière ou vase, une serviette. Pour l'autre costé du théâtre, il faut qu'il y ayt une grotte, fontaine, jardin, fleurs. A costé du jardin et du palais, il faut un eschaffaut tendu de noir qui soit caché; il s'ouvre au cinquiesme acte, à la première scène.

[Fol. 16 v° et 17.] *Ligdamon et Lidias, pièce de M. Scudéry*[3].

Il faut, au milieu du théâtre, un palais ou sénat fort riche; de

1. *Le Trompeur puni, ou l'Histoire septentrionale*, tragi-comédie représentée en 1631 (Parfait, IV, 548).
2. Comédie en cinq actes, en vers, représentée à l'hôtel de Bourgogne en 1628 (Parfait, IV, 410).
3. *Lygdamon et Lydias, ou la Ressemblance*, tragi-comédie en cinq actes, en vers, représentée en 1629 (Parfait, IV, 430).

l'autre costé, un bois garny de fleurs, et dans ledict bois il faut qu'il y ayt place pour se promener. A l'autre costé, il faut une prison, sous la prison un antre d'où sort des lions; il faut des chaisnes, et contre la prison, il faut aussy un temple ou autel, une barrière garnie de ballustres, et le tout caché; il faut aussy une couppe d'argent vermeil doré et une bague ou émeraude.

[Fol. 17 v° et 18.] *Madonte, pièce de M.*[1].

Au milieu, il faut un palais bas, mais qui soit riche; il faut un rocher pour monter dessus par derrière, et dessous, il faut un antre où l'on faict paroistre un vaisseau, une mer, pour des pescheurs; des avirons, des crocs, des fillets. Il faut un beau jardin garny de ballustre et qui soit eslevé de deux marches, car l'on monte dessus. Il faut un rondache où il y ayt un tigre peint avec sa devise. Acte premier, des rossignols, et au cinquiesme; l'acte deuxiesme, un mouchoir ensanglanté, une bague, un casque, deux bourguinottes et des trompettes.

[Fol. 18 v° et 19.] *La Folie de Turlupin, pièce de M. Hardy*[2].

Il faut que le théâtre soit en pastoralle, et au milieu des arcades de verdure, et à un des costez une montaigne, un antre où l'on tire une flèche à un ours. De l'autre costé, une fontaine; au dessus de la fontaine, un arbre fourchu où l'on faict paroistre une nimphe, et le tout garny de verdure. Il faut un baston à picquer des boeufs, deux carquois, deux arcs et une calebasse, une petitte bouteille, des dards, des houlettes, un bâton à battre.

1. Une main plus récente a ajouté : *de La Charnaye.* Il s'agit de Pierre Cottignon de La Charnaye, parmi les pièces duquel Beauchamps cite une *Madonte,* tirée de l'*Astrée*, imprimée en 1632 (Beauchamps, II, 82). M. Rigal, qui a lu l'addition : *de La Gornaye,* mentionne également une autre *Madonte,* œuvre d'un certain Auvray (1630), qui, au dire des frères Parfait, ne paraît pas avoir été représentée.

2. Une des douze pièces perdues de Hardy (Rigal, *Hardy,* 73 et 221). M. Rigal suppose que c'était une farce et donne, comme date extrême, l'année 1621, où Turlupin commença d'être célèbre. Il lit : « ... un antre d'où l'on tire une flèche à un ours de l'autre côté. Une fontaine. Au-dessus de la fontaine, un arbre fourchu... » Je préfère ma lecture, qui est d'ailleurs corroborée par le dessin de Mahelot.

[Fol. 19 v° et 20.] *Pirame et Thibée, pièce de M. Théophile*[1].

Il faut, au milieu du théâtre, un mur de marbre et pierre fermé; des ballustres; il faut aussi de chasque costé deux ou trois marches pour monster. A un des costez du théâtre, un murier[2], un tombeau entouré de piramides. Des fleurs, une éponge, du sang, un poignard, un voile, un antre d'où sort un lion, du costé de la fontaine, et un autre antre à l'autre bout du théâtre où il rentre.

[Fol. 20 v°.] *Pandoste, première journée, pièce de M. Hardy*[3].

Au milieu du théâtre, il faut un beau palais; à un des costez, une grande prison où l'on paroist tout entier. A l'autre costé, un temple; au dessous, une pointe de vaisseau, une mer basse, des rozeaux et marches de degrez. Un réchaut, une aiguière, un chappeau de fleurs, une fiole pleine de vin, un cornet d'encens, un tonnerre, des flammes. Au quatriesme acte, il faut un enfant; il faut aussy deux chandelliers et des trompettes.

[Fol. 21 v° et 22.] *Pandoste, deuxième journée, pièce de M. Hardy*[4].

Il faut deux palais et une maison de paysan et un bois.

[Fol. 22 v° et 23.] *Ozmin, pièce de M. Hardy*[5].

Il faut un beau jardin à un des bouts du théâtre et de l'autre

1. *Les Amours tragiques de Pyrame et Thisbé*, tragédie représentée en 1617 à l'hôtel de Bourgogne (Parfait, IV, 269).

2. Acte IV, scène 1 : Pyrame fixant un rendez-vous à Thisbé au tombeau de Ninus :

> « Là coule un clair ruisseau tout au pied d'une roche,
> ... Un arbre tout auprès, *fertile en meures blanches*,
> Nous offre le couvert de ses espaisses branches... »

3. Pièce perdue. M. Rigal (*Hardy*, 543-549) la rapproche d'une autre pièce du même titre, œuvre de Puget de La Serre, imprimée en 1631.

4. Pièce perdue. Voir la note précédente.

5. Pièce perdue. M. Rigal (*Hardy*, 549-551) ne la croit pas antérieure à 1600, date de l'apparition de *Guzman d'Alfarache*, de Mateo Aleman, d'où elle est tirée.

costé, une maison champestre qui soit belle, proche d'un hameau, dans un petit taillis. Au milieu du théâtre, un palais. Il faut aussy une besche, une serpe, des pierres, un manteau de gueux et un chapeau de gueux aussy.

[Fol. 23 v° et 24.] *La Cintie en vers, pièce de M. Hardy*[1].

Il faut un bûcher, que l'on faict paroistre au cinquiesme acte, une eschelle et des maisons; il faut pour un boureau des cordes et une barbe.

[Fol. 24 v°.] *Leucosie, pièce de M. Hardy*[2].

Il faut que le théâtre soit enrichy. A un des costez, une grotte d'où l'on sort. Il faut deux navires, l'un pour des Turcs et l'autre pour des chrestiens. Il faut un tombeau caché et qu'il s'ouvre deux fois. Le vaisseau paraist au quatriesme acte, où l'on tranche une teste. Il faut aussy un brancart de dueil où l'on porte une femme sans teste. Il faut des trompettes, des turbans et des dards pour les Turcs.

[Fol. 25 v° et 26.] *La Folie de Clidamant, de M. Hardy*[3].

Il faut, au milieu du théâtre, un beau palais, et à un des costez une mer, où paraist un vaisseaux garny de matz et de voiles, où paraist une femme qui se jette dans la mer, et, à l'autre costé, une belle chambre qui s'ouvre et ferme, où il y ayt un lict bien paré avec des draps; du san[4].

[Fol. 26 v° et 27.] *La Moscovitte, pièce de M. Canu*[5].

Au milieu du théâtre, il faut un beau palais, où il y ayt deux belles chaires. A un des costez, un boccage faict de jongs ou roseaux où se sauve une femme. A l'autre costé, un bûcher tendu de noir, deux fagots, de la paille; il faut qu'il soit caché et ne paroist

1. Pièce perdue.
2. Pièce perdue.
3. Pièce perdue.
4. Ces deux derniers mots sont d'une autre main.
5. De Beauchamps est le seul auteur qui mentionne cette pièce, encore ne le fait-il qu'à sa table alphabétique et sans donner aucune date.

qu'au cinquiesme acte. Il faut une mer le long du théâtre, un batteau, des avirons; il faut un tombeau et quatre hommes pour le porter, une croix d'armes, des trompettes, un tambour, des robes de dueil, quatre carquans, des rondaches, des fleurets, des bourguinottes et un flambeau pour le bûcher.

[Fol. 27 v° et 28.] *Félismène, pièce de M. Hardy*[1].

Il faut, au milieu du théâtre, un palais, et, à un des costez, une grotte et rocher, et à l'autre une belle chambre. Il faut aussy du papier, des plumes et de l'ancre, deux sièges, des houllettes et un flageollet.

[Fol. 28 v° et 29.] *La Folie d'Ysabelle, de M. Hardy*[2].

Il faut que le théâtre soit beau, et, à un des costez, une belle chambre, où il y ayt un beau lict, des sièges pour s'asseoir; ladicte chambre s'ouvre et se ferme plusieurs fois. Vous la pouvez mettre au milieu du théâtre si vous voulez.

[Fol. 29 v° et 30.] *Cornélie, pièce de M. Hardy*[3].

Il faut, à un des bouts du théâtre, un hermitage, et, de l'autre costé, une chambre qui s'ouvre et ferme; des fleurets et des rondaches.

[Fol. 30 v° et 31.] *La Belle Égiptienne, de M. Hardy*[4].

Au milieu du théâtre, il faut un palais; à un des costez, une tente avec de la paille, du sang, des linges, un plat, un réchault et du feu dedans; et, de l'autre costé, une prison.

[Fol. 31 v° et 32.] *Première journée de Parténie, de M. Hardy*[5].

Il faut deux palais, une prison, deux flambeaux, deux lances,

1. Tragi-comédie représentée en 1613 (Parfait, IV, 184).

2. Pièce perdue.

3. Suivant les frères Parfait, cette tragi-comédie aurait été représentée en 1609 (Parfait, IV, 125). Mais M. Rigal ne la croit pas antérieure à 1614 : en effet, le texte de Cervantès date de 1613 et la traduction française du sieur d'Audiguier, d'où cette pièce est tirée, de 1614 (Rigal, *Hardy*, 79).

4. Tragi-comédie représentée en 1615 (Parfait, IV, 209). En tout cas, pas antérieure à cette date (Rigal, *Hardy*, 80).

5. Pièce perdue.

des trompettes, du papier, des masques pour se déguiser, des rondaches et des fleurets, un rondache où il y ayt un portraict.

[Fol. 32 v° et 33.] *Parténie, seconde journée, de M. Hardy*[1].

Il faut deux palais, une chambre fermée et un lict, un brancart, une teste feinte, un bassin, un licol, un poignard, une fiole pleine de vin ou d'eau, des trompettes, un drap pour un ombre, des flammes et des socissons[2].

[Fol. 33 v° et 34.] *Astrée et Céladon, pastorale*[3].

Il faut, au milieu du théâtre, une fontaine, et deux antres à costé de ladicte fontaines, d'où sort des lions et des licornes. A un des costez du théâtre, le temple d'Amour, et de l'autre costé, le temple d'Astrée, avec de la verdure et du gazon. Au quatriesme acte, l'Amour paraist en l'air; il faut des esclairs, des tonnerres. L'Amour revient encore au cinquiesme acte. Il faut quatre chandelliers, une nappe sur l'autel d'Amour; il faut de l'arcançon[4], des socisons, un mouton, deux petittes burettes de terre, trois chappeaux de fleurs, une montaigne pour un berger qui se veut précipiter; il faut des arcs, des houllettes, des dards pour les bergers et bergères.

[Fol. 34 v° et 35.] *La Mélite*[5].

Au milieu, il faut un palais bien orné. A un costé du théâtre, un antre pour un magicien, au dessous d'une montaigne. De l'autre costé du théâtre, un parc. Au premier acte, une nuict, une lune qui marche, des rossignols, un miroir enchanté, une baguette

---

1. Pièce perdue.

2. Le saucisson est « une espèce de fusée dont on garnit les feux d'artifice. Elle est sans étoiles ni serpenteaux. On en met ensemble quantité pour faire du bruit » (Furetières, *Dictionnaire*).

3. Une surcharge postérieure attribue cette pièce à Baro; or, cet auteur n'a laissé aucune œuvre de ce titre. Il s'agit plus vraisemblablement des *Amours d'Astrée et de Céladon, mêlées à celles de Diane, de Silvandre et de Pâris, avec les inconstances d'Hylas*, tragi-comédie pastorale de Rayssiguier représentée en 1630 (Parfait, IV, 369).

4. L'arcanson, brai sec ou colophane, produit par la distillation de l'essence de térébenthine, s'employait au théâtre pour faire les éclairs.

5. Une autre main a ajouté : *de M. de Corneille.* — Il s'agit ici non de la *Mélite*, mais de l'*Illusion*, représentée en 1636. C'est E. Perrin qui fut,

pour le magicien, des carquans ou menottes, des trompettes, des cornets de papier, un chapeau, des ciprès pour le magicien.

[Fol. 35 v° et 36.] *Arétaphille, pièce de M. Durier*[1].

Il faut, au milieu du théâtre, un palais caché où il y ayt un tombeau et des armes, de la bougie, des larmes, du soucy, deux piramides ardantes. Au devant de ce palais, un autre palais pour un roy. A un des costez du théâtre, une grande tour, et, de l'autre costé, une chambre fermée, des tableaux, une table, des flambeaux dedans la chambre. Au troisiesme acte, il se faict une nuict. Il faut deux menottes ou chaisnes, deux fiolles, un chapeau de fleurs, une ficelle où l'on attache une lettre.

[Fol. 36 v° et 37.] *L'Inceste supposé, pièce de M. Hardy*[2].

Il faut, au milieu du théâtre, une chambre funèbre; à un des costez, où il y ayt une piramide pleine de bougies et un cœur dessus, le tout tendu de noir, avec des larmes. A un des costez, un hermitage où l'on monte et descend. Ladicte chambre s'ouvre et ferme au cinquiesme acte; il faut aussy des dards et javelots.

[Fol. 37 v° et 38.] *Poliarque et Argénis, de M. Durier*[3].

Il faut, au milieu du théâtre, un hôtel fort riche, deux flambeaux et des lumières, un réchaut, de l'encens. A un des costez du théâtre, un feu d'artifice dans une mer et caché. De l'autre costé, une grotte. Une lance, une teste feinte et des trompettes.

---

le premier, amené à cette conclusion, quand il établit, d'après Mahelot, la maquette de ce décor pour l'Exposition universelle de 1878. D'ailleurs, la *Mélite* fut représentée au théâtre du Marais, non à l'hôtel de Bourgogne (Despois, *op. cit.*, 13; Bapst, *op. cit.*, 171 et 188).

1. Tragi-comédie, première œuvre de Du Ryer, imprimée en 1618 (Beauchamps, II, 109).

2. Pièce perdue. En complétant les indications de Mahelot, M. Rigal (*Hardy*, 551-554) rapproche cette tragi-comédie d'une œuvre de La Caze, datée de 1639, qui porte le même titre et serait inspirée de la pièce de Hardy.

3. *Argénis et Poliarque, ou Théocrine*, tragi-comédie en deux journées : la première, représentée en 1630, et la seconde, en 1631 (Parfait, IV, 488 et 508).

[Fol. 38 v°.] *Les Trois Semblables*[1].

Il faut que le théâtre soit en pastoralle à la discrétion du feinteur. Il faut trois habits, trois pattins semblables, des emplastres, deux barbes et deux béguins de farine, de la farine, une ceinture fort longue remplie de chiffons, navets, racines, oignons, ciboulles, aux, patez, gasteau, tarte, bourse de jettons et une lettre de papier fort large et salle au bout de la ceinture. Plus des dards, des houllettes pour les bergers et les bergères, avec les trois chappeaux semblables qui sont d'avec les habits.

[Fol. 39 v° et 40.] *L'Infidèlle Confidente, de M. Pichou*[2].

Au milieu du théâtre, il faut un palais. A un des costez du théâtre, un puys; à costez du puys, un chasteau avec un pont-levis. De l'autre costé du théâtre, un jardin où l'on monte une marche ou deux; auprès le jardin, une maison et une fenestre où se donne une lettre. Il faut une nuict au premier acte et au second; il faut aussy une barrière et des trompettes.

[40 v° et 41.] *Agarite, pièce de M. Durval*[3].

Au milieu du théâtre, il faut une chambre garnie d'un superbe lict, lequel se ferme et ouvre quand il en est besoing. A un costé du théâtre, il faut une forteresse vieille où se puisse mettre un petit batteau, laquelle forteresse doit avoir un antre à la hauteur de l'homme, d'où sort le batteau. Autour de ladicte forteresse, doit avoir une mer haute de deux pieds huit pouces, et, à costé de ladicte forteresse, un cimetière garny d'une cloche et de brique cassée et courbé[4], trois tombeaux et un siège. Du mesme costé du

1. Une autre main a ajouté : *les Trois Orontes, de Bois-Robert*. Il y a en effet une pièce de cet auteur intitulée : *les Trois Orontes, ou les Trois Semblables*. A sa table, de Beauchamps donne, comme Mahelot, le titre sans nom d'auteur.

2. Tragi-comédie en cinq actes, en vers, représentée en 1630 (Parfait, IV, 482).

3. Tragi-comédie en cinq actes, en vers, imprimée en 1636 (Beauchamps, II, 116).

4. Acte II, scène 3 :

« En sortant de la ville, on voit sur la rivière
Un clocher ruineux dedans un cymetière... »

cimetière, une fenêtre d'où l'on void la boutique du paintre qui soit à l'autre costé du théâtre, garnie de tableaux et autres peintures, et, à costé de la boutique, il faut un jardin ou bois où il y ayt des poînes. Des grinions, des ardans[1], un moullin, habits de ballet, des fiolles, des aisles pour les vents, des perruques de filace, deux flambeaux de cire, quatre flambeaux d'étain garnis de lumières, une robe d'hermite, le mentelet et le bourdon, un manteau de cocher, et le foit aussy, et une nuict.

[Fol. 41 v° et 42.] *La Prise de Marcilly, de M.*[2].

Au milieu du théâtre, il faut la forteresse de Marcilly, haute de cinq pieds, où se livre l'assaut au cinquiesme acte; des enseignes, des tambours, des trompettes, des cercles d'artifice, quelques autres petits feux. Au dessous de la forteresse, forme de chassemate; dans la contrescarpe, à ladicte casemate, il faut une grille qui s'ouvre et ferme. A un des costez du théâtre, il faut une tente de guerre, un paccage[3], une tour, une corde nouée pour descendre de la tour, un pont-levis qui se lâche quand il est nécessaire. De l'autre costé, un bois et une grotte, case de bergère, une mer, un batteau, deux avirons, des rossignols, des coqs, des chiens, une nuict, une lance, une feinte teste.

[Fol. 42 v° et 43.] *L'Ipocondre, pièce de M. Rotrou*[4].

Il faut, au milieu du théâtre, une chambre funèbre et trois tombeaux avec quantité de lumières ardantes, et que ladicte chambre s'ouvre et ferme quand il en est besoing. D'un (*sic*) des costez du théâtre, forme d'une maison assez belle avec deux chaires

1. *Des ardans :* des feux follets. Acte III, scène 2. *Agarite :*

> « Ces petits feux ardens qui font un peu de jour
> Ne peuvent estre nez que du flambeau d'amour :
> On dit que ces feux-là mènent vers les rivières... »

2. Une autre main a ajouté : *Durval.* — De Beauchamps est le seul qui parle d'une pièce de ce nom tirée de l'*Astrée*, encore le fait-il sans en attribuer la paternité à qui que ce soit. — Notons qu'à la table qui précède le manuscrit de Mahelot, table aussi précise pour la première partie que fantaisiste pour la seconde, cette pièce n'est pas mentionnée; on trouve à la place une *Dorinde*, sans doute la tragi-comédie en cinq actes, en vers, d'Auvray, représentée en 1631.

3. *Un paccage :* un passage.

4. *L'Hypocondriaque, ou le Mort amoureux*, tragi-comédie représentée en 1628 (Parfait, IV, 405).

où l'on s'assied dedans, et, du mesme costé, au quatriesme acte, un arbre où l'on lie un page. De l'autre costé du théâtre, un bois, un antre, forme de fontaine, et du gazon ou tapit où se repose une dame, du mesme costé du bois. Plus, il faut une chaisne, une bourse, une baguette, deux draps pour des ombres, un pistollet, des fleuretz et des rondaches.

[Fol. 43 vº.] *Les Travaux d'Ulisse, de M. d'Urval*[1].

Au milieu du théâtre, il faut un enfer caché et les mesmes tourmens d'enfer. Au dessus de l'enfer, le ciel d'Appolon, et au dessus d'Appolon, le ciel de Jupiter. A costé de l'enfer, la montaigne de Sisiphe, et, de l'autre costé, le jardin d'Espéride. A costé du jardin, le paccage du vaisseau ; à l'autre costé, le palais de Circé. La sortie du vaisseau se fait entre le mont de Sisiffe et le palais d'Antifate. Une mer ; auprès, le fleuve du Stix où Caron paraist dans sa barque garnie d'un aviron. Le tout se cache et ouvre. Trois casques garnis de leurs visières, six miroirs, des aisles pour Eolle, une verge d'argent, une verge d'or, un pot de confiture, une serviette, une fourchette, un verre, du vin, quatre chappeaux de ciprès, deux de fleurs, une fleur de molly[2], chappeau de Mercure, caducé et des tallonnierres, un foudre, un sceptre de Pluton, couronne, abre doré dans le jardin, vents, tonnerres, flames et bruits, un caillou pour Sisiphe, un artifice dans l'antenne du vaisseau d'Ulisse.

[Fol. 44 vº et 45.] *La Force du destin, de M. Baro*[3].

Au milieu du théâtre, il faut une chambre garnie de ballustres à jour, forme de salle garnie de sièges où l'on peint une dame, un chevallet, pallette, pinceau, appuy main, couleur, cire pour attacher un petit portrait. A costé de laditte salle, la maison du père praticien ; deux sacs de procès, une écritoire. A un des costez du théâtre, une taverne garnie d'enseigne et bouchon, chap-

1. Tragi-comédie en cinq actes, en vers, représentée en 1631 (Parfait, IV, 508).

2. On appelle *molly* une sorte d'ail cultivé « qui ne diffère de l'ail ordinaire qu'en ce qu'il n'a point d'odeur mauvaise... Les fleurs naissent en bouquet au sommet des tiges : chaque fleur est composée de six ou sept feuilles pointues disposées en ronds de couleur blanche ou rougeâtre » (Furetières, *Dictionnaire*).

3. Pièce inconnue dont personne ne cite même le titre.

peau de lierre, forme de petit siège en terrace, berceau de verdure. De l'autre costé du théâtre, il faut une hostellerie où il y ayt un escriteau : « Chambre garnie à louer, » quelque enseigne. Auprès de la porte de l'hostellerie, il faut forme de borne pour pendre le capitaine par le poing à une corde en l'air, une eschelle et une chandelle dans un papier fait en lanterne.

[Fol. 45 v° et 46.] *La Filis de Scire, de M. Pichou*[1].

Au milieu du théâtre, il faut un temple, et, au dessus du temple, faire paraistre la Nuict dans son char dessus un pivot tiré par deux chevaux, et faire paraistre la nuit, et, le jour venant, faire jouer les rossignols. Aux deux costez du temple, des antres de verdure où passent des bergers et bergères. A un des costez du théâtre, forme de fontaine en grotte coulante ou de peinture. De l'autre costé du théâtre, il faut un bois de verdure en portique, un arbre, et une serpe pour un paysan pour couper les branches de l'arbre. Des dards, des houllettes et un aigneau qui soit en vie, deux carquans d'or joincts ensemble qui se sépare quant on veut, un cors de chasse, une fiolle, du vin et de l'eau.

[Fol. 46 v° et 47.] *L'Heureuse Constance, de M. Rotrou*[2].

A un costé du théâtre, il faut une chambre garnie d'une table, chaire, tabourets, tableaux, peinture, miroirs, tapi sur la table; il faut un bassin d'argent, une couronne impérialle au cinquiesme acte. Proche de la chambre, une sortie d'un roy en forme de palais. A l'autre costé du théâtre, il faut un beau palais garny d'une chaire à bras où se sied une reyne, et, à costé du palais, il faut un village. Deux habits de pélerins et deux bourdons. Au milieu du théâtre, un paysage en bois, antre, caverne, rocher, pour faire paraistre un pays esloigné. Une barbe pour un marchand, trois ou quatre lettres de papier et des trompettes.

[Fol. 47 v° et 48.] *Clitophon, de M. Du Ryer*[3].

Au milieu du théâtre, un temple fort superbe, qui sert au

1. *La Fillis de Scire,* comédie pastorale représentée en 1630 (Parfait, IV, 447).
2. Tragi-comédie représentée en 1631 (Parfait, IV, 525).
3. *Clitophon et Leucippe,* tragi-comédie, 1622, non imprimée, d'après de Beauchamps (II, 109).

5e acte, est le plus beau du théâtre, enrichy de lierre, d'or clinquant, balustres, termes ou colonnes; un tableau de Diane au milieu de l'autel, deux chandeliers garnis de chandelles. A un costé du théâtre, il faut une prison en tour ronde; que la grille soit fort grande et basse pour voir trois prisonniers. A costé de la prison, il faut un beau jardin spacieux orné de ballustres, de fleurs et de pallissades. De l'autre costé du théâtre, il faut une montaigne eslevée; sur ladicte montaigne, un tombeau, un pilier, un carquan et un autel boccager de verdure et rocher, où l'on puisse monter sur ledit rocher devant le peuple; à costé du rocher, un antre, une mer, un demy vaisseau; sous le rocher, faire paraistre une prison pour deux personnes, qui soit cachée. Il faut du sang, des esponges, une petite peau pour faire la feinte du cou du sacrificateur, un chapeau de fleurs, un flambeau de cire. Il se fait une nuict, si l'on veut. Il faut des turbans pour des Turcs, des dards, des javelots, tambours, trompettes, des chaines, des clefs, une robe de conseiller, deux bourguinottes, de la verdure, une lanterne sourde et une chandelle dedans.

[Fol. 48 v° et 49.] *La Silvanire, de M. Mairet*[1].

A un costé du théâtre, il faut un rocher en forme d'un antre où l'on puisse monter deux marches ou trois, un plafon où l'on met un tombeau et une femme dedans couverte d'un linceul. Il faut que l'on tourne autour du tombeau s'il se peut, et une entrée derrière pour mettre çette femme dans le tombeau; il faut qu'il soit caché de toille de pastoralle. Au pied du rocher dont nous avons parlé, il faut un ruisseau où l'on jette un miroir que l'on casse sur le théâtre. Au milieu du théâtre, il faut porticle, fontaine en pastoralle. De l'autre costé, forme de ruine et antre, bois en pastoralle, et tout le théâtre en verdure. Il faut des dards, des houlettes, deux poignards et une gondolle pour un des bergers.

[Fol. 49 v° et 50.] *La Céliane, de M. Rotrou*[2].

Il faut, au milieu du théâtre, façon de grand bassin de fon-

1. *La Silvanire, ou la Morte vive,* tragi-comédie-pastorale en cinq actes en vers, avec chœurs et prologue, représentée à l'hôtel de Bourgogne en 1625 (Parfait, IV, 382).

2. Tragi-comédie représentée à l'hôtel de Bourgogne en 1634 (Parfait, V, 53).

taine dans une grotte peinte en perspective; au devant, trois portiques peints en verdure; au portique du milieu, des ballustres de blanc et noir. A costé du théâtre, une belle salle en forme de huict pans garnie de ballustres tant par haut que par bas; une porte qui se ferme; à costé de ladicte porte, une maison. Dans ladicte salle, il faut une table, deux chaires; la salle tapissée de tableaux, de bras d'or bruny[1], deux flambeaux d'argent sur la table et un tapy dessus la table. A l'autre costé, une fontaine en pyramide garnie de ballustres de blanc et noir; auprès de la fontaine, deux sièges pour deux acteurs; tout le reste, antres, grottes et bois de haute futaye. Au premier acte et au 3e, des rossignols, un panier garny de son ance, et des fleurs dedans, comme des lys, des roses, des soucys et des œillets et autres si l'on veut. Il faut une fiolle et du vin dedans.

[Fol. 50 v° et 51.] *L'Heureuse Tromperie, de M. de Bois Robert*[2].

Au milieu du théâtre, il faut un beau palais, et, à un côté du théâtre, une chambre et une tour, avec une fenestre pour descendre et monter. Il faut une eschelle de corde au bas de ladicte chambre, deux ou trois portiques en jardinage et pallissade, fleurs et fruits. Ladicte chambre doit estre à jour de ballustre et la tour aussy doit estre ronde, soit en peinture ou ronde. De l'autre costé du théâtre, il faut deux prisons, une porte qui tient des prisons, un siège où se sied le geôlier. Il faut un trousseau de clefs, deux flambeaux d'argent ou d'étain garnis de chandelles, un flambeau de cire pour un page, deux poignards, une lanterne sourde et de la bougie, une nuict au commencement du 2e acte et dure jusques au 3e acte; une lettre fermée, une belle soutane et une robe de damas, une chaire pour un roy au cinquiesme acte[3].

[Fol. 51 v° et 52.] *Les Ménechmes, de M. Rotrou*[4].

Il faut le théâtre en rues et maisons; à une des maisons, il faut

1. « On appelle *bras* les chandeliers qu'on applique contre les murailles et qui ont la figure d'un bras » (Furetières, *Dictionnaire*).

2. *Pyrandre et Lisimène, ou la Belle Lisimène, ou l'Heureuse Tromperie*, tragi-comédie représentée en 1633 (Parfait, V, 8).

3. D'une autre main : *Un roy au cinquiesme acte. Une robe de damas.*

4. Comédie en cinq actes, en vers, représentée en 1632 (Parfait, IV, 530).

une enseigne de trois croissants ou autre, il n'importe. Il faut un poinçon de diamant, il faut un carquan garny de sa chaisne pour un esclave, il faut aussy deux barbes semblables, des bâtons à batre, une bource, des jettons, un petit bâton pour porter à la main, un trousseau de clefs, deux serviettes et quatre plats pour le cuisinier, et c'est tout.

[Fol. 52 v° et 53.] *Le Romant de Paris, de M. Des Bruyères*[1].

Au milieu du théâtre, il faut une perspective en fontaine, quatre rangs de ballustres. A costé, il faut un tombeau superbe; autour du tombeau, trois pyramides, le tout enrichy d'or, couleur, diamants, le tout dans une grotte de verdure, le tout eslevé de deux ou trois marches. De l'autre costé du théâtre, il faut un jardin garny de verdure et fleurs; auprès du jardin, un siège pour asseoir une femme. Une barbe pour une femme, un plastron feint pour tirer du sang du corps, une espée à dessein et du sang pour la feinte.

[Fol. 53 v° et 54.] *La Silvie, de M. Mairet*[2].

Pour la décoration, il faut, au milieu du théâtre, un palais enchanté. A un costé du palais, un autel qui ne paroisse qu'au cinquiesme acte. Du mesme costé de l'autel, une fontaine, forme de jardin, arbres, fruits, oranges, pommes, poires et fleurs. Proche de la fontaine, deux sièges où s'assied un berger et une bergère. Il faut aussy, du costé de la fontaine, des bleds, et, de l'autre costé du théâtre, des antres, grottes, fruits, vignes, raisins et verdure. Devers le coupeau de l'antre et de la grotte, des flammes. Il faut une nuit au cinquiesme acte, un tonnerre, des éclairs, des socisons, des dards, des houlettes et un miroir enchanté.

[Fol. 54 v° et 55.] *Criséide et Arimant, de M. Mairet*[3].

Au milieu du théâtre, il faut un tombeau nonmé le Tombeau

---

1. De Beauchamps cite ce titre à la table, avec cette mention : C[*omédie de*] *Desbruyères*.

2. *La Sylvie*, tragi-comédie en cinq actes, en vers, représentée à l'hôtel de Bourgogne en 1621 (Parfait, IV, 352).

3. *Chriséide et Arimant*, tragi-comédie en cinq actes, en vers, représentée en 1620 (Parfait, IV, 337).

des deux amans, qu'il soit enrichy de l'invention du feinteur, eslevé de trois ou quatre marches, force or, clinquant et peinture, appuy de balustres. Auprès dudict tombeau, il faut un petit autel sur lequel il faut des lumières, des fleurs, un chapeau de fleurs pour un sacrificateur et un mouton feint. Ledict tombeau et l'autel ne paroissent qu'au cinquiesme acte. A un costé du théâtre, il faut une maison de paysan qui soit couverte de chaume, dans un bois où paraist de la lumière par ladicte fenestre du paysan; du pain, du vin, un verre, une serviete. De l'autre costé du théâtre, forme d'un antre, d'un rocher et portail de verdure. Une chaire au milieu du théâtre pour un roy; plus, faire jouer des rossignols au troisiesme et quatriesme acte, et des cordes aussy.

[Fol. 55 v° et 56.] *La Folie de Cardénio, de M. Pichou*[1].

Au milieu du théâtre, forme de palais rustique à la fantaisie du feinteur. Au costé gauche du théâtre, une hermitage haute eslevée, et dessous, un antre. Il doit avoir entrée devant et derrière l'hermitage. De l'autre costé du théâtre, un bois, une maison dans ledict bois. Il faut aussy une lance, des bâtons à battre, des lettres et un poignard.

[Fol. 56 v°.] *La Célimène, de M. Rotrou*[2].

Au milieu du théâtre, il faut un bassin de fontaine en perspective, entre deux maisons garnye de ballustres, branchages et verdure. A un costé du théâtre, rocher, antre, palissades et abres de haute futaye où se cachent deux acteurs. De l'autre costé du théâtre, il faut un siège en rocher et forme de table en rocher où quelqu'un écrit. Une écritoire pour mettre à la poche garnie, du papier, deux lettres, une casaque de lacquais et deux habits de volleurs.

[Fol. 58 v°.] *Langélie, ou l'Esprit fort, de M. Claveret*[3].

Au milieu du théâtre, il faut faire paraître forme de fontaine

1. *Les Folies de Cardénio*, tragi-comédie représentée en 1629 (Parfait, IV, 419).

2. Comédie en cinq actes, en vers, représentée en 1633 (Parfait, V, 7).

3. *L'Esprit fort*, comédie en cinq actes, en vers, représentée à l'hôtel de Bourgogne en 1629 (Parfait, IV, 450). Claveret dit, dans la préface : « Cette

dans un palais. Le théâtre tout en bois et forest de haute futaye, des routes et allées de verdure que l'on traverse et qui font presque le sujet de la pièce. Au troisiesme acte, des rossignols, un habit de lacquais, et c'est tout.

[Fol. 59 v°.] *Le Frère indiscret, de M. Hardy*[1].

Au milieu du théâtre, il faut une persepective de bastimens ou maisons. A un des bouts du théâtre, il faut une fenestre où un acteur paraist épiant un autre. De l'autre costé du théâtre, forme de rocher de relief, antre, verdure, et une rivière assés grande pour jetter un homme dedans. Une épée qui se démonte, du sang, une éponge, une lettre et des rondaches.

[Fol. 60 v° et 61.] *La Céline, de M. Baif*[2].

Au milieu du théâtre, il faut un beau palais; à costé du palais, un beau cabinet, et dedans, de beaux tableaux, une table, un tapy dessus, de beaux chandeliers garnis et un siège aussy. De l'autre costé du théâtre, un bois de haute futaye, bien espaix; une entrée de ce costé là. Plus, des bourguinottes, des houlettes, des dards, des rudelles et des trompettes.

[Fol. 61 v°.] *Les Vendanges de Surêne, de Monsieur Durier*[3].

Au milieu du théâtre, il faut faire paraître le bourg de Surêne, et au bas, faire paraître la rivière de Seine, et, aux deux costés du théâtre, faire paraître forme de paysage loingtain garny de vignes, raisins, arbres, noyers, peschers et autre verdure. Plus, faire paraître le Tertre au dessus de Surêne et l'Hermitage[4]. Mais,

---

pièce a été représentée beaucoup de fois sur le théâtre royal sous le nom d'*Argélie* et *l'Esprit fort* ».

1. Une des pièces perdues de Hardy, tirée, d'après M. Rigal, d'une nouvelle de don Diego Agreda, traduite en 1621 par Baudouin (Rigal, *Hardy*, 554-556). C'est la dernière pièce de Hardy qui soit mentionnée par Mahelot. A ce propos, notons que sur les quinze œuvres de cet auteur que nous trouvons dans le *Mémoire*, trois seulement nous sont parvenues, les douze autres sont perdues.

2. *Céline, ou les Frères rivaux*, tragi-comédie de M. Beys, représentée en 1636 (Parfait, V, 245).

3. Comédie en cinq actes, en vers, représentée en 1635 (Parfait, V, 119).

4. Le *Tertre*, ou le *Tartre :* sommet du Mont-Valérien. Hubert Char-

aux deux costés du théâtre, il faut plants des vignes, façon de Bourgogne, peinte sur du carton, taillée à jour. Il faut une hote de vandangeur pleine de raisins et fueilles de vigne; il faut deux paniers, deux eschalas, une serpette et trois lettres; en la saison du raisin, il en faut avoir cinq ou six grappes pour la feinte.

[Fol. 61 v°.] *La Place royalle, de M. Claveret*[1].

Le feinteur doit faire paraître sur le théâtre la Place Royalle ou l'imiter à peu près, et faire paraître un pavillon au milieu du théâtre, où sont les armes du roy, et sous le pavillon, au travers de l'arche, faire paraître les Minimes. A un des costés de la place, une fenestre où paraist quelqu'une, et, aux deux costés du théâtre, deux salles garnyes de tables et tapis, sièges, chandeliers, chandelles; dans une desdicte chambre, l'on porte de la lumière en un temps. Il faut une écritoire, des plumes, du papier; il faut encore un bouquet de fleurs beau, un verre plein d'eau; il faut aussy un sac, un carreau pour une dame qui doit estre accompagnée d'un page qui porte ledit sac et le carreau[2]. Plus, un habit de suisse et une hallebarde et des lettres. Au premier acte, une nuict.

[Fol. 62 v°.] *La Mélie, de M. Rotrou*[3].

Il faut, au milieu du théâtre, un palais à la fantaisie du feinteur, une belle maison ornée de thermes, frizes, balustres et autres

pentier, prêtre du diocèse de Meaux, y établit une communauté de prêtres en 1634, non loin de l'Ermitage. Les ermites du Mont-Valérien, d'abord solitaires, formaient au commencement du XVIIe siècle une véritable communauté (Lebeuf, *Hist. de la ville et de tout le diocèse de Paris*. Paris, 1883, in-8°, t. III, p. 81-86).

1. Comédie représentée en 1635, non imprimée. De Beauchamps (II, 151) : « *La Place roïalle*, comédie jouée à Forges avec succès aussi bien qu'à Paris ». — La même année, Corneille fit jouer la *Place royale, ou l'Amoureux extravagant*, comédie en cinq actes, en vers, et Claveret, quelques années plus tard, publia une *Lettre du sieur Claveret au sieur Corneille, soy-disant autheur du Cid* (Paris, 1637, in-8°), dans laquelle il accusait son rival de plagiat.

2. On appelle *carreau* « un grand oreiller ou quarré de velours que les dames et les évêques se font porter à l'église pour se mettre à genoux plus commodément. Ce qui est aussi une marque de qualité : c'est une dame à carreau... » (Furetières, *Dictionnaire*).

3. *L'Amélie*, tragi-comédie représentée en 1636 (Parfait, V, 215).

peinture. Au deux costés du théâtre, forme de jardinages, l'un en bois; proche du bois, un siège de gason propre pour asseoir deux personnes, et, de l'autre costé, une fontaine; auprès de la fontaine, un siège de gazon où se couche une femme, et quelques autres sièges. Il faut aussy trois lettres.

[Fol. 63 v°.] *La Pèlerine amoureuse, de M. de Rotrou*[1].

Le théâtre doit estre à la fantaisie du feinteur, mais il faut faire paraître, au milieu du théâtre, un portail, forme de ballustre et deux carrés d'où les acteurs sortent, une frise de blanc et noir; au-dessus de ladicte frise, des ballustres. Deux belles maisons ornée de frise et de ballustres par haut et par bas; à costé des deux maisons, deux rues, et, à costé des deux rues, deux pavillons pour séparer les deux rues; les deux pavillons doivent estre en portiques et ballustres en haut et en bas. Il faut un bourdon, une calbace pour la pèlerine; il faut aussy un bâton à battre, et, pour le peintre, une pallette, un pinceau, un appuy main et des couleurs.

[Fol. 64 v°.] *L'Heureuse Inconstance, de M. Passar*[2].

Le théâtre en pastoralle de l'invention du feinteur. Au costé droit, une fontaine estant proche d'un jardin remply de fleurs, et, dans le parterre du jardin, un tapy pour une femme qui demeure en pasmoison. Auprès du jardin, un arbre où monte un homme; au milieu de l'arbre, faire paraître un nid. Au milieu du théâtre, un mirthe planté proche de la persepective des trois portiques de pastoralle. A l'autre costé du théâtre, un grand arbre feint à l'imitation de l'autre; à costé de l'abre, une montagne où monte une femme, et sous ladicte montaigne, un lieu où se puisse reposer un berger à couvert. Plus, un poignard, une lettre, un carcan, une ceinture de soye, des dards, des houlettes et un autre poignard. Encor, au second acte, une nuict, des fleurs et de la ramée, quantité de l'un ou de l'autre.

[Fol. 65 v°.] *Le Berger fidelle*[3].

Au milieu du théâtre, il faut le temple de Diane fort riche,

1. Tragi-comédie représentée en 1634 (Parfait, V, 70).

2. De Beauchamps, à sa table, cite cette « comédie » sans donner de nom d'auteur.

3. De Beauchamps cite six pastorales portant ce titre, dont trois sans nom

élevé de trois ou quatre marches. Dans ledict temple, il faut trois tableaux, l'un de Diane, l'autre d'Hercule et celui de Pan. A costé du temple, l'autel de Diane, où se fait le sacrifice; deux chandeliers, un réchaut, de l'encens, une hurne pour mettre de l'eau. A costé de l'autel, il faut trois antres, celui du milieu se bouche d'un caillou; plus, des cordes pour lier quelqu'un. Plus, de l'autre costé du théâtre, il faut trois antres, et, à l'antre du milieu, une fontaine; plus, un abre proche de la fontaine. Il faut des pertuisannes, des cors de chasse, des carquois, des flèches, un arc qui se rompt, une massue pour un satire, la ceinture de lierre et l'écharpe de mesme, et un chapeau; plus, pour les deux vieillards, des chapeaux de fleurs, et, pour les sacrificateurs, quatre robes.

[Fol. 66 v°.] *La Diane, de Monsieur Rotrou*[1].

Le théâtre doit estre en persepective de frize, pilastre et ballustres par haut et par bas, forme de portiques de l'invention du feinteur, rues et maisons fort libres d'où l'on puisse entrer et sortir aysément. Il faut un habit de cocher et un fouet, un habit de laquais, trois ou quatre lettres et un panier de fleurs.

[Fol. 67 v°.] *La Visite différée, de M. Claveret*[2].

Il faut que le théâtre soit en maison et rue, ornemens de frise, ballustres et autre peinture à la fantaisie du feinteur. Il faut une épée qui se rompt par le milieu, les armoiries d'un mort, une lettre, deux habits de dueil, et encor deux autres habits de dueil pour les deux lacquais.

[Fol. 68 v°.] *Filandre, ou l'Amitié trahye par l'Amour, de M. de Rotrou*[3].

Au milieu du théâtre, il faut faire paraître la Seine et une isle

---

d'auteurs : une de 1624, une de 1637, une de 1648. La seconde pourrait bien être celle dont Mahelot donne le décor : *Le Berger fidelle*, en prose, dédié par l'auteur à sa maîtresse. Paris, A. Courbé, 1637, in-8° (Beauchamps, II, 156, et Rigal, *Hardy*, 688).

1. Comédie en cinq actes, en vers, représentée en 1630 (Parfait, IV, 506).

2. Cette pièce est citée, avec les *Eaux de Forges*, dans le privilège de *l'Esprit fort*, dont nous avons parlé plus haut (V. p. 27, n. 3). C'est tout ce que nous en savons.

3. *Le Filandre*, comédie en cinq actes, en vers, représentée en 1635 (Parfait, V, 114).

couverte de ramée et roseaux, où se cache un des acteurs. Les deux costés du théâtre doivent estre en grottes et fontaines. Auprès d'une fontaine, un gason où se couche un acteur, et derrière, un siège pour une actrisse. De l'autre costé, près de la fontaine, un siège, force verdure, roseaux, gason, deux lettres, une houlette, un aviron pour le pilote, un bouteille et un croc encore.

[Fol. 69 v°.] *La Florante, ou les Desdains amoureux, de M. de Rotrou*[1].

Il faut deux belles maisons enfermées de frize et ballustre. A un costé du théâtre, un bois, et, de l'autre costé du théâtre, une salle du costé de la loge du Roy[2], et doit estre fermée de ballustre et de frize tant par haut que par bas. Dans ladicte salle, une chaire; plus, une lettre cachetée de cire.

[Fol. 70 v°.] *Alcimédon, de M. Durier*[3].

Pour la décoration, il faut faire un beau jardin de compartimens, pallissades, abres, fleurs, et passage dans ledit jardin pour une reyne qui s'y promeine. De l'autre costé du théâtre, il faut une grotte et bois de haute futaye; plus, deux maisons fort belles comme colomnes, frise, ballustres, au caprice du feinteur. Il faut, pour la pièce, des fleurets.

[Fol. 71 v°.] *La Foire de Sainct-Germain, par M. de La Pignerière*[4].

La décoration du théâtre doit estre en boutique. Au milieu du théâtre, dit la persepective, doit avoir une grande boutique d'orfèvre, fort superbe d'orfèvrerie et autre joyaux; une table pour jouer aux dez avec des cornets; il faut une montre et autre vais-

---

1. De Beauchamps se contente de citer ce titre. Quant aux frères Parfait, ils écrivent, à propos de cette pièce et de quatre autres « attribuées à Rotrou par les catalogues » : « Personne ne les connaît, et, si elles ont « existé, elles n'ont été *ni représentées*, ni imprimées » (IV, 412).

2. Les deux loges royales étaient : à l'avant-scène, à droite du spectateur, la loge de la reine; en face, à gauche, la loge du roi.

3. Tragédie représentée en 1634 d'après les frères Parfait (V, 69), qui ajoutent : « Cette tragédie est demeurée au théâtre assez longtemps; on la jouait encore en 1660 ».

4. De Beauchamps cite seulement ce titre et ce nom d'auteur à sa table.

selle d'argent. De l'autre costé du théâtre, il faut la salle du peintre garnie de tableaux ; dans laditte boutique du peintre, doit paraître des bœufs en une charue et paysage, un engin à picquer les bœufs, un panier de fleurs où paraît un gros melon tout de peinture, plus un vieillard appuyé sur un bâton, plus plusieurs petittes testes antiques en tableaux. De l'autre costé du théâtre, il faut faire paraître une boutique de confiturier, de la dragée, des boettes, des cornets. Prest de cette boutique, il en faut faire une autre de mercier, garnie de rubans et d'autre chose pour l'ornement de la boutique. Les boutiques doivent estre fermées ; elles s'ouvrent au premier acte et se ferment à la fin de la pièce. Il faut trois lettres, et c'est tout.

[Fol. 72 v°.] *Cléagénor et Doristée, de Monsieur de Rotrou*[1].

Il faut faire une grande chambre bien parée de tappisserie et ornée de peinture, quelque belle plaque d'argent, quelque bras d'argent pour mettre des lumières ; dans laditte chambre, faire paraître l'entrée d'un cabinet. De l'autre costé, une montagne où monte un voleur ; un buisson au milieu du théâtre, où se cache une femme habillée en homme ; et le reste du théâtre en bois, rocher, antre, abres et plusieurs passages qui soient aysés à passer. Deux sièges de gazon, à l'entrée du bois, où se mettent deux acteurs ; une soutane, une robe, une baguette pour un chasseur, du sang pour ensanglanter une épée.

[Fol. 73 v°.] *La Florice, de M. Passar*[2].

Il faut deux superbes maisons ornées de peinture ; au milieu du théâtre, une persepective où il y ait deux passages entre les deux maisons. Plus, aux deux costés du théâtre, y doit avoir deux bois : l'un doit estre superbe de fleurs, fruicts, pallissades, et, de l'autre costé, des arbres de haute futaye et pallissades, le tout à la fantaisie du feinteur. Il faut une lettre à Mademoiselle de Bellerose[3], il faut un bassin d'argent, un cœur, un poignard, une boette de portraict, et, au cinquiesme acte, une chaire, et c'est tout.

---

1. Tragi-comédie représentée en 1630 (Parfait, IV, 486).
2. *La Florise*, écrit de Beauchamps, qui se contente de la mentionner sans autre détail.
3. Femme du célèbre acteur de l'hôtel de Bourgogne et surtout connue

[Fol. 74 v°.] *Hercule, de M. Rotrou*[1].

Le théâtre doit estre superbe. A un des costés, il faut le temple de Jupiter bastit à l'antique et enfermé d'arcades autour de l'autel, et que l'on puisse tourner autour de l'autel. Dessus l'autel, une cassolette et autres ornemens. Il faut faire le pied d'estail rond comme l'antique, où est posé Jupiter. Sur l'autel caré, quatre petittes piramides garny de leurs petits vases où sont des flames de feu en peinture. Le temple doit estre caché. De l'autre costé du théâtre doit avoir une montagne où l'on monte devant le peuple et descendre par derrierre; laditte montagne doit estre en bois de haute futaye, et dessous la montagne, doit avoir une chambre funèbre remplie de larmes. Le tombeau d'Hercule superbe : trois pyramides, deux vases où sont des flames de feu en peinture, tous les travaux d'Hercule y doivent parestre; ledit tombeau doit estre caché. Plus, au milieu du théâtre, doit avoir une salle à jour bien parée de ballustres et plaques d'argent et autres ornemens de peinture. Au cinquiesme acte, un tonnerre, et après le ciel s'ouvre et Hercule descend du ciel en terre dans une nue; le globe doit estre emply des douze signes et nues et les douze vents, des estoilles ardantes, soleil en escarboucle transparente et autres ornemens à la fantaisie du feinteur. Plus quatre chappeaux de fleurs, l'un de chesne et l'autre de laurier et les deux autres de fleurs; une prison proche du tombeau, une chaisne et une corde, un dard à la turcque et le carquois, une masse d'Hercule, la peau de lion et son masque, deux chaires, un poignard.

[Fol. 75 v°.] *Célénie, de M. Passar*[2].

Il faut au milieu du théâtre un palais assés beau formé de trois portiques dont le milieu est plus haut que les autres, garny de tapicerie. Derrierre les trois portails, environ trois pieds, faire paraître une frise où sont les armes du Roy, bord à bord les deux maisons. A costé du palais, devers la loge du Roy, une salle faitte

---

par la réputation de son mari. Elle se retira du théâtre quelques années avant 1674 (Parfait, V, 28).

1. *Hercule mourant*, tragédie représentée en 1632 (Parfait, IV, 540).

2. Comme les autres pièces de Passart, la *Célénie* est seulement citée par de Beauchamps, sans date.

à huict pans, frises, portiques de blanc et noir, garnie de ballustres par bas, et tapicer laditte salle de tableaux; un table, un tapyt, deux chandeliers, deux sièges. De l'autre costé du théâtre, une grande grotte de rocalle; au pied de la grotte, une mer et une isle où se couche un acteur sur le sable, dans des roseaux. Il faut un antre d'où sort un mage; il faut un chappeau de fleurs. Auprès l'antre, faire paraître un bois et trois sièges pour trois femmes; force belle verdure pour le bois; plus, il faut un brancard couvert de noir où se met une actrise, du sang et de la pâte pour la feinte. Il faut des rondaches, des fleurets, des turbans, des lettres, une soutâne de damas ou de sattin, une écritoire à mettre à la poche, deux fueilles de papier; c'est tout.

[Fol. 76 v°.] *Cléonice, pastoralle de Monsieur Passar*[1].

Au milieu du théâtre, un arbre pour lier un acteur. A un des costés du théâtre, une fontaine, et auprès, un gason où se couche une bergère; proche du gason, un grand abre où monte un acteur. A l'autre costé du théâtre, une montagne où monte une actrise, au-dessus de la montagne; un gason pour coucher un berger au pied de laditte montagne. Il faut une nuit au second acte. Il faut une corde, une lettre, un poignard, une ceinture, un bracelet, un chappeau de fleurs, des dards et des houlettes.

[Fol. 77 v°.] *Calirie, de Monsieur Rassiquier*[2].

Il faut une belle salle au milieu du théâtre élevée d'une marche de degré, et ledit plafon doit estre à fleur des deux maisons et renfondre jusqu'à la persepective. Laditte chambre doit estre fermée

1. *Cléonice, ou l'Amour téméraire*, pastorale, est citée par de Beauchamps (II, 108), avec les initiales (P. B.) d'un nom d'auteur inconnu. Le même ajoute à sa table une autre *Cléonice*, tragi-comédie, de Passart; celle-ci représentée en 1630 (Parfait, IV, 476). Le chevalier de Mouhy a supposé que les deux *Cléonice* mentionnées par de Beauchamps ne faisaient qu'une seule et même pièce, et son hypothèse ne manque pas de fondement, car le n° 1051 du catalogue Soleinne, *Cléonice, ou l'Amour téméraire*, tragi-comédie-pastorale en cinq actes, en vers (Paris, 1830, in-8°), dont la dédicace est signée P. B., porte sur le titre cette mention écrite par une ancienne main : *par M. Passart.*

2. *La Célidée, sous le nom de Calirie, ou la Générosité d'amour*, tragi-comédie de Rayssiguier, non représentée, disent les frères Parfait (IV, 474). Le décor de Mahelot prouve le contraire.

jusques au cinquiesme acte. Dans laditte chambre, une table, un tapy, chandeliers, lumière, un miroir, une chaire; laditte salle doit estre tappicée de cuir doré tant par haut que par derrière; des plaques, des bougies. Vers la loge du Roy, une chambre fermée et tappicée, et, dans laditte chambre, un lit verd, une table, un tapy, chandeliers. Elle s'ouvre au premier acte, à la seconde scène, et demeure tousjours ouverte. Et, de l'autre costé du théâtre, faire un lieu solitaire où repose un acteur sur un gason un peu élevé, dans un bois. Il faut une lettre aussy.

[Fol. 78 v°.] *Clarice, de M. Beis*[1].

Le théâtre se doit faire de l'invention du feinteur. Il faut faire deux belles maisons bien ornée de quelque belle peinture. Les deux costés du théâtre, forme de deux salles où cabinet, il n'importe. Le milieu du théâtre, forme de palais ou rue pour passer un acteur.

[Fol. 79 v°.] *Iphis et Iante, de M. Benserade*[2].

Au milieu du théâtre, il faut un temple fort superbe enrichy de tout ce que l'on peu. Au dessus du théâtre, une nue où est la déesse, et, dans le temple, parest le tableau de la déesse. Il faut, à costé du théâtre, une belle salle élevée, frise, ballustres et portique tappicer; une table, un tapy, des chandeliers, deux sièges. Il faut un poignard, un tonnerre au mitan du cinquiesme acte. L'autre costé du théâtre à la fantaisie du feinteur. Le temple est fermé jusqu'au cinquiesme acte et s'ouvre au milieu de l'acte. Il faut une barbe pour la métamorphose, qui se colle au menton; plus, une couronne d'épics, un croissant et un sceptre pour la déesse Isis, et c'est tout.

[Fol. 81 v°.] 1. *Suréna*[3].

Théâtre est un palais à volonté.

1. On ne connaît sous ce titre qu'une pièce de Rotrou, *Clarice, ou l'Amour constant*. M. Rigal croit que l'œuvre à laquelle Mahelot fait allusion ici n'est autre que le *Jaloux sans sujet*, de Beys, dans laquelle un des principaux personnages porte le nom de Clarice (Rigal, *Hardy*, 686). La date de représentation, 1635, d'après les frères Parfait (V, 121), concorderait bien avec notre *Mémoire*.

2. Comédie en cinq actes, en vers, représentée en 1636 (Parfait, V, 162).

3. Au fol. 81, on voit un dessin à l'encre non terminé qui paraît repré-

2. *Oedipe.*

Théâtre : un palais à volonté.

3. *Rodogune.*

Théâtre est une salle de palais. Au second acte, il faut un fauteuille et deux tabourest. Au cinquiesme acte, trois fauteuille et un tabourest, une coupe d'or.

4. *Dom Sanche d'Aragon.*

Théâtre est un palais. Il faut, au premier acte, un trosnè et trois fauteuil, et six sièges ou deux bans, une bague.

5. *Le Menteure.*

Le théâtre est un jardin pour le premier acte, et, pour le second acte, il faut des maisons et bâtimants et deux fenestre.

Au 1 acte, un billet.

A (*sic*) 2 acte, deux billet.

Au 3 acte, des jettons.

6. *Les Horaces.*

Théâtres estes un palais à volonté. Au cinquiesme acte, un fauteuille.

7. *Pompée.*

Théâtre à volonté. Acte premier : à l'ouverture, un trosne et un fauteuille et trois chaisse. Une urne pour le 4e acte.

8. *Nicomède.*

Théâtre est un palais à volonté. Une bague pour le cinquiesme acte.

[Fol. 82.] *Sertorius.*

Théâtre est un palais à volonté. Au premier acte, 2 lestres; à 3 acte, 2 fauteuille; au 5, un flambeau et deux lestr[es].

---

senter l'intérieur d'une salle de spectacle vu de la scène. — C'est à partir de ce fol. que l'écriture du manuscrit change pour la première fois. Le nouveau rédacteur a rapidement noté d'abord les principales œuvres de Corneille, sans suivre l'ordre chronologique, comme on peut s'en rendre compte par la liste suivante : *Surena, général des Parthes* (1674); *Œdipe* (1659); *Rodogune, princesse des Parthes* (1645); *Dom Sanche d'Arragon* (1650); *le Menteur* (1643); *Horace* (1640); *la Mort de Pompée* (1643); *Nicomède* (1651); *Sertorius* (1662); *Heraclius, empereur d'Orient* (1647); *Cinna, ou la Clémence d'Auguste* (1640); *le Cid* (1636); *Polyeucte, martyr* (1643); *Othon* (1664). Parmi ces pièces, *Cinna*, *Polyeucte*, *la Mort de Pom-*

Héraclius.

Le théâtre est une salle de palais à volonté. 3 billets.

Cinna.

Théâtre est un palais. Au second acte, il faut un fauteuille et deux tabouret, et au cinq, il faut un fauteuille et un tabouret à la gauche du roy.

Le Cid.

Théâtre est une chambre à 4 porte. Il faut un fauteuille pour le roy.

Polieucte.

Le théâtre est un palais à volonté.

Othon.

Le théâtre est un palais à volonté. Pour le 3e acte, il faut un fauteuille et une chaisse. Autant au 5.

La Thébaïde[1].

Est un palais à volonté.

Alixandre.

Théâtre est des tentes de guerres et pavillons. Il faut deux fauteuille et un tabouret.

Andromaque.

Théâtre est un palais à colonnes et, dans le fonds, une mer avec des vaisseaux.

[Fol. 82 v°.] *Britannicus.*

Théâtre este un palais à volonté; il faut deux portes, fauteuille pour le 4e acte, des rideaux.

---

pée, Sertorius furent représentées sur le théâtre du Marais; *Othon*, à l'hôtel de Bourgogne (cf. de Beauchamps).

1. Suivent, dans l'ordre rigoureusement chronologique, les pièces de Racine, à l'exception toutefois des *Plaideurs*, qu'on retrouvera au fol. 89 v°, sous le titre général : *Petitte comédie*, et les deux drames destinés à Saint-Cyr : *Esther* et *Athalie*. Voici en effet les dates de ces pièces : *la Thébaïde, ou les Frères ennemis* (1664); *Alexandre le Grand* (1665); *Andromaque* (1667); [*les Plaideurs* (1668)]; *Britannicus* (1669); *Bérénice* (1670); *Bajazet* (1672); *Mithridate* (1674); *Iphigénie* (1674-1675); *Phèdre* (1677).

La Thébaïde fut donnée par la troupe de Molière le 20 juin 1664; *Alexandre*, le 4 décembre 1665. On sait que Racine, s'étant brouillé avec Molière, porta secrètement cette dernière pièce à l'hôtel de Bourgogne, qui la joua le 18 décembre (*Registre* de La Grange).

Bérénice.

Le théâtre est un petit cabinet roialle où il y a des chiffre. Un fauteuil et deux lestre.

Baiazet.

Le théâtre est un salon à la turque. 2 poignards.

Mitridatte.

Le théâtre est un palais à volonté. Un fauteuille, 2 tabourest.

Iphigénie.

Théâtre este des tentes et, dans le fonds, une mer et des vaisseaux. Un billet pour commancer.

Phèdre.

Théâtre est un palais voûté. Une chaisse pour commancer.

Camma[1].

Théâtre est un palais à volonté. Il faut un poingnard, un fauteuille.

Stilicon[2].

Théâtre este un palais à volonté. Un billet.

Antiochus[3].

Théâtre est un palais à volonté. Un portrait.

Ariane[4].

Théâtre est un palais à volonté. Une mer au fonds. Un billet pour le 5 acte.

[Fol. 83.] *Cléodate*[5].

Théâtre : un palais à volonté.

---

1. *Camma, reine de Galatie*, tragédie en cinq actes, en vers, de Th. Corneille, représentée pour la première fois à l'hôtel de Bourgogne le 28 janvier 1661 (Beauchamps, II, 197; Parfait, IX, 9).

2. Tragédie de Th. Corneille, représentée, le 27 janvier 1660, à l'hôtel de Bourgogne (Beauchamps, II, 197; Parfait, VIII, 341).

3. *Antiochus, fils de Séleucus, roi de Syrie*, tragédie de Th. Corneille, représentée en janvier 1666 (Beauchamps, II, 197) ou en mai de la même année (Parfait, X, 28).

4. Tragédie de Th. Corneille, représentée à l'hôtel de Bourgogne le 4 mars 1672 (Parfait, XI, 205).

5. Ni de Beauchamps ni les frères Parfait ne donnent ce titre. Cette pièce est mentionnée ici au milieu de celles de Th. Corneille : peut-être le rédacteur du *Mémoire* a-t-il voulu parler de *Théodat*, tragédie de Th. Cor-

Le Comte d'Essex[1].

Théâtre este un palais et une prison qui paroist au quatriesme acte.

Jodelet prince[2].

Théâtre est de verdure, le premier acte; et le reste de la pièce, une place de ville et un château dans le fonds. Une lance, des armure, deux billet.

Dom Bertrand de Sigaralle[3].

Théâtre est un cabaret, deux porte fermantte dans le fonds; deux flambeaux, une boitte, 2 billets, une chaisse. Il faut, pour le premier acte, un rideau devant le cabaret.

Scévole[4].

Théâtre est des tante et pavillons de guerre.

Venceslas[5].

Théâtre est un palais à volonté. Un fauteuille, un tabouret pour le premier acte et pour quatriesme acte. Il faut un poignard, 2 billet.

Mariane[6].

Théâtre est un palais au premier acte; il faut un lit de repos, un fauteuille, 2 chaisse. Au second acte, cette une chambre. Au troisiesme, il faut un trosne, un fauteuille, un tapis sur le trosne, deux banc. Au quatriesme acte, il faut la prison. Au cinq, le palais et un fauteuil, et abaisser le rideau pour la fin.

---

neille, représentée à l'hôtel de Bourgogne le 22 novembre 1672 (Parfait, V, 406).

1. Tragédie de Th. Corneille, représentée à l'hôtel de Bourgogne au commencement de 1678 (Parfait, XII, 77, et *Mercure galant*, 1678, p. 291-295).

2. Cette comédie de Scarron, représentée en 1655, porte aussi le titre de *le Gardien de soi-même*. La même année, Th. Corneille donna le *Geôlier de soi-même*, sur un sujet analogue (Parfait, VIII, 116).

3. *Dom Bertrand de Cigaral*, comédie en cinq actes, en vers, de Th. Corneille, représentée en 1650 (Parfait, VII, 281).

4. Tragédie de Du Ryer, représentée à l'hôtel de Bourgogne en 1646 et restée au théâtre (Parfait, VII, 38).

5. Tragi-comédie de Rotrou, représentée en 1647 (Person, *Histoire du Venceslas de Rotrou*, p. 28).

6. Au XVIIe siècle, deux pièces de ce nom furent représentées : l'une, la *Mariamne* de Hardy, en 1610, à l'hôtel de Bourgogne (date incertaine); l'autre de Tristan, 1636, au Marais. Il faut noter toutefois que de Beauchamps, à sa table, en signale une autre « anonime ».

[Fol. 83 v°.] *Bélissaire*[1].

Théâtre est un palais à volonté. Il faut une bague, un poingnard, 2 lestre, des tablette.

La Princesse d'Élide[2].

Théâtre est une forest. Il faut un grand arbre au meillieu, 4 dars, un soufflet.

Crispin musicien[3].

Théâtre est deux chambre différante qui se change à tous les actes. Il faut un clavesin, une halbarde, deux tabourest, 3 chaisse, un manteau, deux billets, 2 clés, 2 battes, une escritoire.

Le Misentrope[4].

Théâtre est une chambre. Il faut six chaisse, 3 lettre, des bottes.

Tartuffe[5].

Le théâtre est une chambre. Il faut 2 fauteuille, une table, un tapis dessus, 2 flambeaux, une batte.

[Fol. 84.] *L'Avare*.

Théâtre est une salle, et sur le derrière, un jardin. Il faut 2 chiquenille, des lunette, un ballet, une batte, une cassette, une table, une chaisse, une escritoire, du papier, une robe, 2 flambeaux sur la table, au 5 acte.

L'Escolle des femme.

Théâtre est deux maisons sur le devant et le reste est une place de ville. Il faut un (*sic*) chaise, une bource et des jettons. Au 3e, des jettons, une lestre.

---

1. *Bélisaire*, tragédie de Rotrou, représentée en 1643 (Parfait, VI, 261).

2. Comédie de Molière, représentée au théâtre du Palais-Royal le 9 novembre 1664 (*Reg.* de La Grange).

3. Comédie en cinq actes, en vers, de Hauteroche, représentée à l'hôtel de Bourgogne en juillet 1674 (Parfait, XI, 392).

4. Voici, d'après le *Registre* de La Grange, les dates des quatre pièces de Molière qui suivent : *le Misanthrope*, 4 juin 1666; *le Tartuffe*, 5 février 1669; *l'Avare*, 11 septembre 1668; *l'École des femmes*, 26 décembre 1662.

5. Cette pièce a été ajoutée postérieurement par une autre main au bas du fol. 83 v°.

La Mère coquette[1].

Théâtre est une chambre à 4 porte.

La Femme juge et party[2].

Théâtre est deux maisons sur le devant, et le reste est une chambre. La coulisse s'ouvre à la fin du 3e et l'on passe un fauteuille sure le théâtre. Un (*sic*) porte au meillieu du théâtre.

Les Femmes coquette[3].

Théâtre est une salle. Le rideau abattu et se lève pour commancer. Une table, 2 sièges, un lut, un livre, un (*sic*) table, 4 ver, 4 couvert, des liqueurs, des cornets, un bassin plain de jettons, un camoufflet, 2 flambeaux, 2 fauteuille, une jambe de bois, béquille, 2 battes.

La Fille capitaine[4].

Théâtre est deux maisons sur le devant, et le reste est une grand salle, 4 colonne au meillieu, une table dans le fonds et deux flambeaux allumés, 2 lestre au cinq, un flambeau et une chandelle.

[Fol. 84 v°.] *Lincée*[5].

Théâtre est un palais à volonté.

Argélie[6].

Un palais à volonté.

---

1. *La Mère coquette, ou les Amans brouillés.* Deux comédies en cinq actes, en vers, de ce titre — l'une de Quinault, l'autre de Visé — furent jouées la même année 1665. Il s'agit ici de la première vraisemblablement, qui fut représentée par les comédiens de l'hôtel de Bourgogne, tandis que la seconde était donnée au Palais-Royal (voir *Reg.* de La Grange, 23 octobre 1665).

2. *La Femme juge et partie*, comédie en cinq actes, en vers, de Montfleury, représentée à l'hôtel de Bourgogne le 2 mars 1669 (Parfait, X, 403).

3. *Les Femmes coquettes, ou les Pipeurs*, comédie en cinq actes, en vers, de Poisson, représentée à l'hôtel de Bourgogne en 1670 (Parfait, XI, 49).

4. Comédie en cinq actes, en vers, de Montfleury, représentée à l'hôtel de Bourgogne en 1672 (Parfait, XI, 237) et reprise pour la première fois, le 12 janvier 1685, sur le théâtre Guénégaud (*Reg.* de La Grange).

5. *Lyncée*, tragédie de l'abbé Gaspard Abeille, représentée à l'hôtel de Bourgogne en février 1678 (Parfait, XII, 89).

6. *Argélie, reine de Thessalie*, tragédie en cinq actes, en vers, du même, représentée à l'hôtel de Bourgogne en 1673 (Parfait, XI, 332).

Crispin gentilhomme[1].

Théâtre est des maisons mellés d'arbre, et sur le derrier, un cabaret; une bague.

Jodelet mestre[2].

Théâtre est des maisons sur le devant, et sur le derrier, une chambre, une alcôve. Il faut un balcon sur le devant. Il faut 4 fleuret, un balet de jong, une batte, 2 fauteuille, une boîte à portrait, un billet, 1 curdent, une clef, 2 flambeaux.

Anne de Bretagne. 1678[3].

Théâtre est une salle de palais. Au second acte, il faut deux fauteuille et deux tabourest.

1670. La Troade. Pradon[4].

Théâtre est un camp, des tante. L'optique est une ville ruinée; un fleuve devant.

Gensérique[5].

Théâtre est un palais à volonté.

[Fol. 85.] *Le Malade imaginaire. 1680*[6].

Théâtre est une chambre et une allecôve dans le fonds. — Premier acte : une chaisse, table, sonnette et une bourse au jettons,

1. Comédie en cinq actes, en vers, de Montfleury, représentée à l'hôtel de Bourgogne en 1677 (Parfait, XII, 64).

2. *Jodelet, ou le Maître valet*, comédie en cinq actes, en vers, de Scarron, représentée pour la première fois à l'hôtel de Bourgogne en 1645 (Parfait, VI, 327).

3. *Anne de Bretagne, reine de France*, tragédie en cinq actes, en vers, de Ferrier, représentée à l'hôtel de Bourgogne en novembre 1678 (Parfait, XII, 123).

4. Tragédie de Pradon, représentée à l'hôtel de Bourgogne en janvier 1679 (Parfait, XII, 138).

5. *Genséric, roi des Vandales*, tragédie de Mme Deshouillères, représentée à l'hôtel de Bourgogne en janvier 1680 (Beauchamps, II, 262; Parfait, XII, 163).

6. On sait que la première représentation de la dernière œuvre de Molière eut lieu au théâtre du Palais-Royal, le 10 février 1673 (*Reg.* de La Grange). La comédie resta au répertoire, et la date de 1680 ne marque donc point une reprise particulièrement intéressante. Pourtant, il est à noter que le *Malade imaginaire* fut joué en 1680, les 11 et 13 mars; entre ces deux représentations eut lieu la première d'*Agamemnon*, qui suit immédia-

un manteau fourrez, six oreiller, un baston ou lut. — Première intermède : une guittare, 4 mousquetons, 4 lanterne sourde, 4 bastons, une vessies. — Second acte : il faut 4 chaisse, une poignée de verge, du papier. — Second intermède : 4 tambour de basque. — Troisiesme intermède : il faut la chaisse de présesse et les deux grand banc, huict seringues, 4 eschelles, 4 marteaux, 4 mortiers, 4 pillons, six tabourest, les robes rouges finisse.

Il faut changer le théâtre au premier intermède et représanter une ville ou des rues, et la chambre paroist comme l'on a commancé. Il faut 3 pièce de tapisserie de hautte lisse et des perches et cordes.

[Fol. 86 v°.] *Agamemnon. 1680*[1].

Théâtre est un palais à volonté.

Les Visionnaires[2].

Théâtre est 4 maisons. L'optique de rochers, un gason près une porte; des papiers pour le pouette.

Le 25 aoust 1680, les deux troupe se sont unies ensamble et icy commance les pièce de l'hôtel de Guénégaud[3].

L'Inconnu[4].

Deux théâtre, sçavoir : une forest et des maisons; l'optique est

---

tement dans notre *Mémoire*. Ceci pour prouver que le rédacteur respecte en cet endroit l'ordre chronologique.

1. Tragédie représentée le 12 mars 1680 (*Reg.* de La Grange; Parfait, XII, 181; Beauchamps, II, 183). De Beauchamps raconte que l'abbé Boyer, désolé de ses insuccès consécutifs, pria Pader d'Assezan d'annoncer cette pièce sous son nom; mais, grisé par le succès qu'elle obtint, Boyer ne put tenir sa langue et revendiqua un soir sa paternité au beau milieu du parterre : le lendemain, on sifflait la tragédie. Les frères Parfait n'admettent point qu'elle soit de Boyer, et il est à remarquer que La Grange, toujours scrupuleux, l'inscrit sur son registre avec le nom de d'Assezan.

2. Comédie en cinq actes, en vers, de Desmarets, représentée à l'hôtel de Bourgogne en 1637 (Parfait, V, 384). Cette pièce passa au répertoire du Palais-Royal, car on la trouve tout au début du *Registre* de La Grange, à la date du 29 avril 1659.

3. Les notices suivantes n'ont pas été rédigées à la même époque que celles que l'on vient de lire : la même encre pâle employée ici se retrouve à la table du *Mémoire*. V. p. 10.

4. Comédie en cinq actes, en vers, de Th. Corneille et de Visé, repré-

un château. Pour le second acte, il faut un berceau et son optique; la forest paroist.

Le Festin de Piere[1].

1 acte : il faut un palais;
2 acte : une chambre, une mer;
3 acte : un bois, un tombeau;
4 acte : une chambre, un festin;
5 acte : le tombeau paroit; il faut une trape, de l'arcanson, deux fauteuille, un tabouret.

[Fol. 86.] *Amphitrion*[2].

Théâtre est une place de ville; il faut un balcon; dessous, une porte. Pour le prologue, une machine pour Mercure, un char pour la Nuict. Au 3 acte, Mercure s'en retourne et Jupiter sur son char. Il faut une lanterne sourde, une batte.

Les Foux divertissant[3].

Théâtre. 1 : est une chambre;
2 : les Petitte Maisons;
3 : une chambre où il y a un trou; un festin, 3 chaisse.

Solimand[4].

Théâtre est un palais à volonté.

Aspare[5].

Palais à volonté.

---

sentée au théâtre Guénégaud le 17 novembre 1675 (*Reg.* de La Grange; Parfait, XI, 424).

1. Pièce de Molière, mise en vers par Th. Corneille et représentée au théâtre Guénégaud le 12 février 1677 (*Reg.* de La Grange; Parfait, XII, 61).

2. Comédie de Molière, représentée au théâtre du Palais-Royal le 13 janvier 1668 (*Reg.* de La Grange).

3. *Les Foux divertissans*, comédie en trois actes, en vers, de Poisson, représentée au théâtre Guénégaud le 14 novembre 1680 (*Reg.* de La Grange; Parfait, XII, 211).

4. *Soliman*, tragédie en cinq actes, en vers, de La Thuillerie, première pièce nouvelle jouée après la jonction de l'hôtel de Bourgogne et du théâtre Guénégaud le 11 octobre 1680 (*Reg.* de La Grange; Parfait, XII, 206).

5. *Aspar*, tragédie de Fontenelle, représentée au théâtre Guénégaud le 27 décembre 1680 (*Reg.* de La Grange). La Grange indique bien comme

Zaïde, de M. Genest[1].

Théâtre est un palais à volonté. 5 chaise au 2e acte.

[Fol. 86 v°.] *Hercule, jouée en novembre 1681*[2].

Théâtre est un palais à volonté.

Cléopâtre, jouée en décembre 1681[3].

Un palais à volonté et, dans le fonds, un entichambre.

Zélonide[4].

Théâtre est un palais à volonté. Un fauteuille, trois tabourest au 2 acte.

Le Parisien[5].

Théâtre est des maisons et une maison à porte et fenestre sur le devant, et, dans le fonds, un portique fermant et ouvrant. Une bague, une chaisse et des pistolets, rondache et casque.

Le Campagnard[6].

Le théâtre est des maisons ou chambre et, dans le fonds, une

---

auteur de cette pièce « Fontenelle, neveu de Corneille » ; de Beauchamps, par contre, prétend que Fontenelle n'avouait aucune des tragédies qu'on lui attribuait.

1. Il y a là une erreur d'attribution. *Zaïde* est une tragédie de La Chapelle, qui fut représentée le 26 janvier 1681 (*Reg.* de La Grange). L'attribution à Genest s'applique à la *Zélonide*, tragédie représentée le 4 février 1682 (*Reg.* de La Grange), que l'on trouvera quelques lignes plus loin.

2. Cette tragédie, représentée le 7 novembre 1681 (*Reg.* de La Grange) sous le nom de l'acteur La Thuillerie, est attribuée, comme *Crispin précepteur*, *Soliman* et *Crispin bel esprit*, à l'abbé Abeille. On a également donné comme auteur de *Soliman* et d'*Hercule* le P. de La Rue (Beauchamps, II, 261).

3. Tragédie de La Chapelle, représentée le 12 décembre 1681 (*Reg.* de La Grange).

4. Voir ci-dessus, n. 1.

5. Comédie en cinq actes, en vers, de Champmeslé et La Chapelle, représentée le 7 février 1682 (*Reg.* de La Grange).

6. Comédie en cinq actes, en vers, de Gillet de La Tessonnerie, reprise le 29 août 1682 (*Reg.* de La Grange), mais faisant depuis longtemps partie du répertoire. On la trouve tout au début du *Registre* de La Grange dès 1659 ; elle avait été représentée pour la première fois en 1657 et imprimée la même année (Beauchamps, II, 168 ; Parfait, VIII, 182).

ferme de chambre[1]. Il faut 4 tableaux, une bague, une violle, un chevalet, un petit pot de pourcelainne, des pinceaux, une palette et un tableau pour peindre, un fauteuille et deux ployants ou petitte chaisse.

Bérénice, de M. Corneille[2].

Théâtre est un palais.

Téléphonte, de M. La Chapelle, jouée en 1682[3].

Le théâtre est un palais. Un billet; au 5 acte, un poignard.

[Fol. 87.] *Andromède, pièce en machine jouée en 1682 et recommancé le 22 janvier 1682*[4].

Pirame et Tisbé[5].

Théâtre est un palais. Il faut 2 billet.

La Rapinière, joué en 1682[6].

Théâtre est une ville. Un bureau sur le devant, où il y a un tableau. Au meillieu du théâtre, il faut une barière. Il faut une porte de ville dans le fonds avecque un tableau au dessus où sont les armes de Genne. Une mer au fonds. — Premier acte : il faut des crochets, un baril ou carteau. — 2 acte : il faut une cas-

---

1. Une ferme est une décoration montée sur un châssis et se tenant droite sur la scène. Quand un décor n'est pas terminé par un rideau de fonds, il est dit « décor fermé; » le fonds d'un décor fermé est toujours une ferme.

2. Reprise en mai 1682 (*Reg.* de La Grange). La première représentation remonte au 28 novembre 1670 (*Reg.* de La Grange). Déjà mentionnée plus haut, p. 39.

3. Tragédie de La Chapelle, représentée le 26 décembre 1682 (*Reg.* de La Grange).

4. Il y a là sans doute une négligence de l'auteur. Andromède avait été jouée en 1650 sur le théâtre royal de Bourbon (Beauchamps, II, 148) et la reprise au théâtre Guénégaud est du 19 juillet 1682, suivant le *Registre* de La Grange.

5. Nous avons déjà trouvé la tragédie de Théophile mentionnée dans ce recueil. Voir plus haut, p. 15. De même que pour la *Bérénice* de Corneille, il s'agit ici d'une reprise qui eut lieu en juin 1682 (*Reg.* de La Grange).

6. *La Rapinière, ou l'Intéressé*, comédie en cinq actes, en vers, de Jacques Robbe, sous l'anagramme de Barquebois, représentée le 4 décembre 1682 (*Reg.* de La Grange).

sette et un miroire dedans et un coffret de toillete. Il faut deux boutailles. — 3 acte : une hotte et des pacquets dedans, une brouette de vinaigrier, une boitte garnie d'alumette et pierre à fusil, des pétars dedans, un baril où il y a une colation dedans, une boitte ou moutardié où il y a six boutailles de rosolis garnie de rubans. — 5 acte : il faut une chairre à porteux, une bandoulière garnie de toute sorte de gibier et un cochon de laict, un (*sic*) sonde[1], un grand panier pour mettre un enfans, un billet, une seringue, du papier pour deux contras, une escritoire garnie.

La Devineresse[2].

Théâtre est une chambre.

Premier acte : il faut un tabouret, un bassin et de l'eau dedans, 2 tiraque. — 2 acte : la ferme et le miroire, une table. — 3 acte : la cheminée et le corps par morceaux, 2 trape, l'enflure, la chaire. — 4 acte : la nuict et les ilumination. — 5 acte : la table, la teste, la ferme blanche.

[Fol. 87 v°.] *L'Estourdy*[3].

Théâtre est des maison et deux portes sur le devant avecque leurs fenestre. Il faut un pot de chambre, 2 batte, 2 flambeaux.

Trissotin, ou les Femmes sçavantes[4].

Le théâtre est une chambre. Il faut 2 livres, 4 chaisse et du papier.

---

1. Une sonde : instrument dont se servent aujourd'hui encore les employés d'octroi pour vérifier s'il n'est pas caché de marchandises de contrebande dans les voitures qui entrent en ville. — Acte V, scène 1. Dialogue entre Jasmin et La Roche, commis de La Rapinière, fermier général de la République de Gênes. *La Roche :* « ... Si vous avez peur, prenez en main la sonde ».

2. *La Devineresse, ou les Faux Enchantemens*, comédie en cinq actes, en prose, de Th. Corneille et de Visé, représentée le 19 novembre 1679 (*Reg.* de La Grange). Il s'agit ici d'une reprise qui eut lieu en mai 1682 (*Reg.* de La Grange).

3. La pièce de Molière, qui remonte à 1653 ou 1654, fut reprise bien des fois par la suite. La Grange en note des représentations pendant toute l'année 1682.

4. *Trissotin, ou les Femmes savantes*, ayant été représenté pour la première fois le 11 mars 1672, il s'agit encore ici d'une reprise, sans doute celle de mai 1682 (*Reg.* de La Grange).

Le Comédien poitte[1].

Le théâtre est des maisons sur le devant, et un enfer dans le fonds pour le premier acte. Une ferme, une trape, 2 démons, une chaisse.

Le Dépit amoureux[2].

Le théâtre est des maisons. Il faut un cloché, des billets.

Le Bourgeois gentilhonne[3].

Théâtre est un chambre, une ferme. Il faut des siège, une table pour le festin et une pour le buffet, les ustancilles pour la cérémonie.

L'Escolle des maris[4].

Théâtre est des maison et fenestre. Il faut un flambeau, une robe longue, une escritoire et du papier.

[Fol. 88.] *Le Baron d'Albicrak*[5].

Théâtre est une chambre. Il faut un (*sic*) table, un tapis, des flambeaux sur la table, un fauteuille, une bague, un (*sic*) lettre pour le 5 acte.

Les Joueurs[6].

Théâtre est des maisons, et, au fonds, une ferme. Il faut 2 table, six chaise, six bourse plaine de jettons, deux sixains de carte,

---

1. *Le Comédien poète*, comédie en cinq actes, en vers et en prose, de Montfleury. La Grange, lui assigne, comme date de première représentation, le 10 novembre 1673, et de Beauchamps fait une confusion quand il dit que cette pièce fut représentée à l'hôtel de Bourgogne (Beauchamps, II, 240).

2. *Le Dépit amoureux* date de 1656. Il fut repris en 1682 (*Reg*. de La Grange).

3. Première représentation, 23 novembre 1670 (*Reg*. de La Grange). Très fréquemment repris, notamment en 1682.

4. Première représentation, 24 juin 1661 (*Reg*. de La Grange). Repris plusieurs fois, entre autres le 18 juin et le 2 septembre 1682.

5. *Le Baron d'Albikrac*, comédie en cinq actes, en vers, de Th. Corneille, représentée en décembre 1668, à l'hôtel de Bourgogne (Beauchamps, II, 198; Parfait, X, 372). Fréquentes reprises : en 1682, par exemple, le 17 août et le 19 novembre (*Reg*. de La Grange).

6. La Grange attribue cette pièce à Champmeslé et lui assigne la date du 5 février 1683. De Beauchamps ne la mentionne ni dans sa liste des œuvres de Champmeslé ni dans sa table.

deux cornets, des dez, une pipe, de l'any et de la canelle, un tapis sur une table au 5 acte.

Virginie[1].

Théâtre est un palais. Il faut un billet et un poignard.

Pièce sans titre[2].

Un théâtre qui soit une chambre et un cabinet dans le fonds. Un bureau, des papiers, une escritoire, deux flambeaux sur le bureau.

Le Divorce[3].

Théâtre est des maisons sur le devant et une salle sur le derrière. Il y faut un trosne, trois siège de bois, un parasole, un guidon, un falot, 2 masse d'arme, des sçaq, des papiers, des présans dans les saque.

[Fol. 88 v°.] *Pénélope, jouée en 1684*[4].

Théâtre est un palais et un (*sic*) mer dans le fonds et un (*sic*) balustrade; un fauteuil.

Harminius[5].

Théâtre est un palais. Deux fauteuille au second acte.

---

1. Tragédie de Campistron, représentée le 12 février 1683 (*Reg.* de La Grange).

2. Nous trouvons dans La Grange, à la date du 5 mars 1683, *la Comédie sans titre*, « pièce nouvelle de M. Poisson ». De Beauchamps, signalant l'édition des œuvres de Poisson de 1687 (2 vol. in-12), déclare qu'on a joint aux pièces de cet auteur *la Comédie sans titre*, qui est de Boursault (Beauchamps, II, 228 et 233). Cette comédie en cinq actes, en vers, représentée en 1679, avait été annoncée sous le titre de *le Mercure galand*. De Visé, auteur de la gazette de ce nom, obtint que ce titre fût changé. L'œuvre eut un très grand succès et fut reprise sous le nom de *la Comédie sans titre, ou le Mercure galand*.

3. La Grange donne cette pièce comme étant de Champmeslé, 6 septembre 1683. De Beauchamps ne la mentionne pas au nombre des œuvres de Champmeslé : il dit en parlant de deux comédies anonymes, jouées en 1683, *les Dragons* et *le Divorce* : « Les titres de ces deux pièces se trouvent dans le recueil des décorations dont j'ai parlé à l'article de Hardy » (Beauchamps, II, 268). Ce recueil n'est autre que le *Mémoire* de Mahelot.

4. Tragédie de Genest, représentée le 22 janvier 1684, d'après La Grange.

5. *Arminius*, tragédie de Campistron, représentée le 19 février 1684 (*Reg.* de La Grange).

Ragotin[1].

Théâtre est des maisons et une chambre dans le fonds. Il faut une grande quaisse, un mousqueton, une boutaille de liqueur, 2 vers, un pot de chambre, un (*sic*) batte, deux pétars, de la mesche.

La Dame invisible[2].

Le théâtre est, au premier acte, des rue, et le second est deux chambre séparez. Il faut un pivot et deux portes, un (*sic*) a costé et l'autre dans le fons. Une table, un escritoire, 2 malle, des habits dedans, des anis, une bourse, des jettons, 4 flambeaux, un pain de bougie, des gros gans, des siège, un chaisse de commodité, des lestre, du papier, une lanterne sourde; au 1 acte, un flambeau.

[Fol. 89.] *La Mort d'Alexandre, par M. Louvart*[3].

Théâtre est un palais. Un fauteuille, un tabouret; au 2 acte, un billet.

L'Amante amant, de M. Capistron[4].

Théâtre est deux maisons sur les costés près la ferme, avecque leurs porte et fenestre. La ferme s'ouvre au quatriesme acte, et il parois une chambre où il y a une porte; au meilleu, une table, un tapis, deux flambeaux, 2 billets. — 1684.

Andronic, joué le 8 février 1685[5].

Théâtre est un palais à volonté. Un fauteuille au costé de la Reyne. 5 acte : 2 billet.

---

1. *Ragotin, ou le Roman comique*, comédie en cinq actes, en vers, de La Fontaine, donnée sous le nom de Champmeslé, de même que *le Veau perdu*, *Je vous prends sans vert* et *la Coupe enchantée*. La Grange mentionne cette pièce (à la date du 21 avril 1684), en l'attribuant à Champmeslé.

2. *La Dame invisible, ou l'Esprit follet*, comédie en cinq actes, en vers, de Th. Corneille et Hauteroche (de Beauchamps, II, 199). La Grange (22 février 1684) ne donne qu'un auteur : « Corneille J^e ».

3. Tragédie représentée le 26 mai 1684 (*Reg.* de La Grange).

4. Comédie en cinq actes, en prose, de Campistron, représentée le 2 août 1684 (*Reg.* de La Grange).

5. Tragédie de Campistron. La date du 8 février 1685 est exacte (*Reg.* de La Grange).

L'Usurier[1].

Théâtre est une salle, et, au 5 acte, une chambre, qui s'ouvre à la fin du 4. Un bureau, escritoire, papiers, et deux flambeaux et bougie, une chaisse.

Le Rendez-vous[2].

Théâtre est une salle à trois porte. Un panier de vendeur d'eau de vie, garni de verre et de rosoly, dragée.

[Fol. 89 v°.] *Alcibiade*[3].

Théâtre est un palais à volonté.

[Fol. 91.] *Petitte comédie.*

Les Plaideurs. Racine[4].

Il faut deux maisons, un soupiraille, deux maisons à costé du théâtre. Il faut une trape, une eschelle, un flambeau, des jettons, une batte, le col et les patte d'un chapon, un fauteuille, des robes, des petis chiens dans un panier, un oreiller, une escritoire, du papier.

Les Fraguement[5].

Il faut deux crosse, une rame ou baton à 2 bout, l'espée et l'abit du brave, deu noir, des habits de payisans.

---

1. Titre donné par de Beauchamps sans date et sans nom d'auteur. Comédie de Th. Corneille et de Visé, représentée le 13 février 1685, d'après La Grange.

2. *Le Rendez-vous des Thuilleries, ou le Coquet trompé*, comédie en trois actes, en prose, avec un prologue de Baron, représentée le 3 mars 1685 (*Reg.* de La Grange).

3. Tragédie de Campistron, représentée le 28 décembre 1685 (Parfait, XII, 538). Ne figure pas dans le premier *Registre* de La Grange, qui s'arrête au mois de septembre. — Le fol. 90 est blanc et porte au recto, d'une écriture du XVIIIe siècle, le titre *Varillasiana*. Le ms. reprend au fol. 91 r°.

4. La première représentation est de 1668, mais on fit de fréquentes reprises de cette comédie.

5. *Les Fragmens de Molière*, comédie en deux actes, en prose, de Champmeslé, que l'on trouve pour la première fois mentionnée par La Grange à la date du 30 septembre 1681, mais aucune indication ne permet d'affirmer que ce n'est pas là une « reprise ».

L'Ombre de Mollière[1].

Il faut un trosne, trois tabourest, une fourche, une rame, des cloche, des baguette, des robes de médecins.

Le Dœil[2].

Il faut une maison avec la fenestre ouvrante, une eschele, une table, une bource, une escritoire, plume, papier, chaisse, une fourche.

Les Auberges[3].

Il faut un bout de flambeau avec une baguette.

Crispin médecin[4].

Il faut abattre le rideau pour le premier acte. Deux cabinets; à costé, une table, un tapis et un oreiller dessus; des lestres, des jettons.

[Fol. 91 v°.] *Pourceaugnac*[5].

Il faut deux maissons sur le devant, et le reste du théâtre est une ville. Trois chaisse ou tabourest, une seringue, deux mousquetons, huict seringues de fer blanc.

Les Précieusse[6].

Il faut une chaisse de porteur, deux fauteuille, deux battes.

---

1. Comédie en un acte, en prose, de Brécourt, représentée en 1674, d'après de Beauchamps (II, 224). On en trouve mention pour la première fois dans le *Registre* de La Grange, à la date du 23 septembre 1682.

2. Comédie en un acte, en vers, de Hauteroche et Th. Corneille, que l'on trouve mentionnée dans La Grange aussitôt après la jonction, en septembre 1680. Elle était plus ancienne cependant, car, achevée d'imprimer en 1673, le privilège est daté du 12 décembre 1672 (Beauchamps, II, 254).

3. De Beauchamps ne mentionne rien à ce titre. Sans doute est-ce *l'Après-soupé des auberges*, comédie en un acte, en vers, de Poisson, représentée à l'hôtel de Bourgogne en 1665, imprimée la même année (Beauchamps, II, 227). La première mention qu'en fasse La Grange se trouve à la date du 20 septembre 1680.

4. Comédie en trois actes, en prose, de Hauteroche, représentée à l'hôtel de Bourgogne en juillet 1673 (Parfait, XI, 397). Première mention dans le *Registre* de La Grange : 18 décembre 1680.

5. Première représentation : 15 novembre 1669 (*Reg.* de La Grange).

6. Première représentation : 18 novembre 1659 (*Ibid.*).

Les Fascheux[1].

Il faut un jeu de carte, un flambeau, des jettons. La décoration est de verdure.

Baron de la Crasse[2].

Il faut deux tabourest, un fauteuille, un ricrac, une bource.

Soupés mal aparesté[3].

Une escritoire et du papier.

L'Escolle des jaloux[4].

Le théâtre est un jardin dans le fond, et deux maisons sur le devant. Des billets.

Les Nicandres[5].

Il faut, pour le 3e acte, une prison où il y ait une fenestre, un billet, une boitte, des jettons, des lestre, un trousseau de clef.

[Fol. 92.] *Cocu imaginer*[6].

Il faut deux maisons à fenestre ouvrante, une boitte à portrait, une grande espée et une cuirace et casque, un escu.

Les Médecins[7].

Une escritoire, du papier, une bague, des jettons, une bource, 4 chaisse.

1. Première représentation : 4 novembre 1661 (*Ibid.*).

2. Comédie en un acte, en vers, de R. Poisson, représentée à l'hôtel de Bourgogne en juin 1662 et fréquemment reprise par la suite. La première reprise après la jonction date du 23 octobre 1680 (*Reg.* de La Grange).

3. Comédie en un acte, en vers, de Hauteroche, représentée à l'hôtel de Bourgogne, en juillet 1669.

4. *L'École des jaloux, ou le Cocu volontaire,* comédie en trois actes, en vers, de Montfleury, représentée à l'hôtel de Bourgogne en 1664. Aucune mention de reprise dans La Grange.

5. *Les Nicandres, ou les Menteurs qui ne mentent point,* comédie en cinq actes, en vers, de Boursault, rédigée en trois actes, en vers, et imprimée en 1665. Elle avait été jouée à l'hôtel de Bourgogne en 1644, sous le titre : *les Frères gémeaux, ou les Menteurs qui ne mentent point* (Beauchamps, II, 232). La première reprise après la jonction est du 25 septembre 1683 (*Reg.* de La Grange).

6. *Sganarelle, ou le Cocu imaginaire,* première représentation : le 30 mai 1660 (*Reg.* de La Grange).

7. C'est le titre également employé par La Grange pour désigner l'*Amour*

Médecin malgré luy[1].

Il faut du bois, une grande bouteille, 2 battes, 4 chaisse, un morceau de fromages, des jettons, une bource.

Frayeurs de Crispin[2].

Le théâtre est deux chambre différante et un pivot au meillieu. Il faut deux tables, des toilette, 4 flambeaux, une malle dans laquelle il y a une valise, un habit d'etté et des coussins de senteure et une gravate et une chemisse et manchette, du linges salle, une estrille, un peigne rompu, un marteau, des tenaille, une paire de descrotoire, des carte, des dés, des cornets, une bource, du charbon, une almanach, des mouchette, du pain, du fromage.

[Fol. 92 v°.] *La Pierre philosophale*[3].

Il faut un fourneau, des chasix, marteaut, coing, des soufflets, de la fillasse, de l'esprit de vin[4].

Crispin précepteur[5].

Il faut un fauteuille, une férulle, des poignée de verge, un rudimant.

Crispin belle esprit[6].

Crispin chevalier[7].

Dans le fonds du théâtre, il faut une estude de procureur, un bureau, une table, une escritoire et des papiers, une croix de chevalier, une chaise.

---

médecin, représenté pour la première fois le 22 septembre 1665 (*Reg.* de La Grange).

1. Première représentation : le 6 août 1666 (*Reg.* de La Grange).

2. Je n'ai trouvé aucune mention de ce titre ni dans La Grange, ni dans de Beauchamps, ni dans Parfait.

3. Comédie en cinq actes, en prose, de Th. Corneille et de Visé, représentée le 23 février 1681 (*Reg.* de La Grange).

4. D'une autre encre : *Joue Monsieur*.

5. Comédie en un acte, en vers, de La Thuillerie, représentée à l'hôtel de Bourgogne en 1679. La Grange n'en fait pas mention.

6. Aucune indication de mise en scène pour cette comédie en un acte, en vers, de La Thuillerie, représentée le 11 juillet 1681.

7. *Les Grisettes, ou Crispin chevalier*, comédie en un acte, en vers, de Champmeslé. Deuxième état d'une comédie en trois actes représentée à

Bout rimé[1].

Des papiers, un sçaque, un tambour.

Le Cocher, en juin 1684[2].

Théâtre est des maison, une chambre dans le fonds, une ferme s'ouvre pour faire voir la chambre. 2 billet.

[Fol. 93.] *Le Fou de qualitté*[3].

Cinq chaise, une batte, 4 serviette, 2 lestre, un habit de fou.

Les Enleveme[n]s[4].

Théâtre est une verdure, et, dans le fonds, un château, une lanterne sourde, 2 batte, un flamb[eau].

Le Notaire obligeant. 1685[5].

Théâtre est une chambre. Deux feuille de papier, une escritoire.

Le Florentin[6].

Théâtre est maisons sur le devant et quatre porte sur le derrière avec des verroux; devant les portes, une trape et une machine de fer, deux chaisse.

Angélique et Médore[7].

Théâtre est à volonté. Une batte.

---

l'hôtel de Bourgogne en 1671 et reprise le 16 janvier 1682 (*Reg.* de La Grange).

1. *Les Bouts-rimés*, comédie en un acte, en prose, de M. de Saint-Glas, abbé de Saint-Ussans, représentée le 25 mai 1682 (*Reg.* de La Grange).

2. *Le Cocher supposé*, comédie en un acte, en prose, de Hauteroche, représentée le 9 juin 1684 (*Reg.* de La Grange).

3. *Le Fou de qualité*, comédie en un acte, en vers, de Poisson, représentée à l'hôtel de Bourgogne en 1664, reprise le 16 avril 1681 (*Reg.* de La Grange). Porte aussi le titre de : *le Fou raisonnable*.

4. Comédie en un acte, en prose, de Baron, représentée le 6 juillet 1685 (*Reg.* de La Grange).

5. *Le Notaire obligeant*, comédie de Dancourt, représentée le 9 juin 1685 (*Reg.* de La Grange).

6. *Le Florentin*, comédie en un acte, en vers, représentée sous le nom de Champmeslé, le 23 juillet 1685 (*Reg.* de La Grange). De Beauchamps fait remarquer, à propos de cette pièce, que plusieurs auteurs ont fait représenter leurs œuvres sous le nom d'un comédien : La Thuillerie, Baron, Dancourt, Champmeslé, etc.

7. *Angélique et Médor*, comédie en un acte, en prose, de Dancourt, représentée le 1er août 1685 (*Reg.* de La Grange).

Les Enlevement[1].

Le théâtre changé en hameau.

[Fol. 94.] *1684. Règlement pour les comédiens françois par ordre du Roy et de madame la dauphine*[2].

Acteurs, messieurs	Actrice, mesdemoiselles	
Baron, p.	Chammellé, p.	
Chammellé, p.	Bauval, p.	
La Thoriller, d.[3].	Le Conte, p.	
Le Conte, d.	Raisin, p.	
La Tuillerie, p.	Poisson, p.	
Raysin l'aisné, d.	Guérin, p.	
Raysin le cadet, d.	Guiot, d.	
Brécourt, p.	Lagrange, d.	
Dauvillers, p.	De Brie	Doive sortir à Pasque à pension en 1685[4].
Bauvalle, d.	Du Pin	
Devillers, p.	D'Ennebaut	
Rosimond, p.	Baron, d.	
Lagrange, p.		
Du Croisy, d.		
Guérin, p.		
Hubert, p.		
Poisson, p.		

1. Voir p. 56, n. 4. — Le fol. suivant (fol. 93 v°) est blanc.

2. Ce tableau de la troupe, qui termine le *Mémoire*, est d'une main différente. Il se trouve dans le *Registre* de La Grange à la date du 19 juin 1684 : « Ce jourd'huy lundy 19e juin, l'ordre du Roy et de Madame la Dauphine a esté signiffié pour le changement de la trouppe comme il suit... » — Il y a une divergence cependant : notre registre ne mentionne pas Verneuil, qui, dit La Grange, « sortira de la troupe avec une pension de 1,000 l., et il luy sera payé la somme de 800 l. dans le courant de l'année ».

3. « La Torillière, acteur nouveau, demye part » (*Reg*. de La Grange, p. 333). C'est Pierre La Thorillière, le fils du célèbre acteur dont la mort, survenue le 27 juillet 1680, fut une des causes de la jonction des troupes de l'hôtel de Bourgogne et du théâtre Guénégaud.

4. Voici ce que dit La Grange à ce propos : « La de Brie, la Dennebaut et la Dupin sortiront de la troupe et auront chacune 1,000 l. de pension, et il leur sera permis de prendre à chacune 1,200 l. que les comédiens leur payeront dans le courant de cette année, ou de conserver leur part jusques à Pasques. Elles ont opté de rester jusques à Pasques » (*Reg*. de La Grange, p. 334).

[Fol. 94 v°.] Les ordres[1] qui viendron de la part de messieurs les premiers gentilshommes de la chambre du Roy aux comédiens seront mis entres les mains du contrôleur général de l'argenterie et menus plaisirs en exercice qui en délivrera des copies signés de luy toute les fois que les comédiens l'en requerront.

Et, pour ce qui concerne la troupe en général et les rooles de pièces à jouer en particulier, aucun des comédiens ne pourra distribuer lesdits roles, ni faire autre chose concernant le théâtre que de leur consentemant, et, en cas de difilcutez (*sic*), il s'adresseront à leurs superrieurs.

A l'égard des pièces pour la court, on leur prescrira les roles qu'il doivent jouer. Fait à Versailles, le 18e juin 1684. Signé : le duc de Créqui.

Délivré la présante copies sur l'original resté en mes mains, par moy intandant et contrôleur général des menus plaisirs et affaires de la chambre du roy et de son argenterie, à Paris, le 19 juin 1684. Signé : Voille.

L'assemblée, tenue ce 9e juillet 1685, a résolu que de trois que nous sommes il y en aura un tous les jours tour à tour, sur penne de 15 sol d'amande, et j'ay commancé le premier[2].

1. Les quatre paragraphes qui suivent se retrouvent presque mot pour mot dans le *Registre* de La Grange, p. 334, à la suite du tableau de la troupe du 19 juin 1684.

2. Ce paragraphe, qui est d'une autre main, n'est pas très explicite, d'autant que La Grange ne fait point mention de cette assemblée du 9 juillet 1685. Il s'agit peut-être d'une réglementation intérieure analogue à celle des « semainiers » actuels.

Nogent-le-Rotrou, imprimerie Daupeley-Gouverneur.

Les tirages à part de la *Société de l'Histoire de Paris et de l'Ile-de-France* ne peuvent être mis en vente.

www.ingramcontent.com/pod-product-compliance
Lightning Source LLC
LaVergne TN
LVHW010001230826
846092LV00002B/588